Piensa bien y acertarás

Piensa bien y acertarás

Compasión, *mindfulness* y otros refugios para mantener la esperanza en el mundo de hoy

Natalia Martín Cantero

Plataforma Editorial

Primera edición en esta colección: enero de 2024

Plataforma Editorial
c/ Muntaner, 269, entlo. 1.ª – 08021 Barcelona
Tel.: (+34) 93 494 79 99
www.plataformaeditorial.com
info@plataformaeditorial.com

Depósito legal: B 20721-2023
ISBN: 978-84-10079-00-7
IBIC: VS

Printed in Spain – Impreso en España

Diseño de cubierta:
Sara Miguelena

Fotocomposición:
Grafime S. L.

El papel que se ha utilizado para imprimir este libro proviene
de explotaciones forestales controladas, donde se respetan
los valores ecológicos, sociales y el desarrollo sostenible del bosque.

Impresión:
Sagrafic

Si crees ver una cara en las nubes, ¿por qué no envías un saludo? No va a hacer ningún daño.

MARY OLIVER

Para Ananda y Lila

Índice

Introducción

—¿Por qué si uno sabe nadar flota sin moverse y cuando no sabe se hunde?
—El miedo pesa, hijo.

MIGUEL DELIBES

Unas horas después de recibir la propuesta para escribir este libro tuve un percance en el ojo izquierdo. Usé el líquido de lentillas equivocado (tapón rojo en lugar de verde) y sentí que el fin del mundo había llegado súbitamente. Una visita a urgencias acabó con este drama, pero me obligó a estar varios días en la oscuridad, para facilitar la curación de mi ojo maltrecho.

Esos días, medio ciega y sin la ocasión de perderme en redes sociales, plataformas audiovisuales y las otras distracciones de siempre, fueron muy fértiles. Llené un cuaderno tamaño folio con ideas para este libro con letras temblorosas; ideas que empezaron a fluir con facilidad y que, finalmente, me han permitido acometer la tarea encomendada, porque llevo media vida interesada personal y profesionalmente en las cuestiones de las que escribo aquí, transitando los recursos que menciono, y me ha dado tiempo a coleccionar no pocos pensamientos.

De entre estos recursos, sobresale la compasión, un concepto cargado de malentendidos que conviene deshacer. La compasión, tal y como aparece descrita en este libro, es muy diferente de la lástima o de la piedad, con las que frecuentemente se confunde. Tiene, sin embargo, mucho que ver con el coraje, con la valentía de acercarnos al sufrimiento, el propio y el ajeno, y enfrentar lo que nos da miedo. Es, me parece, la cualidad que nos hace más humanos, y creo que es crucial cultivarla en un mundo en el que la tecnología ocupa cada vez más espacio.

No es fácil. La resistencia a la compasión es tan natural como la compasión misma, de modo que observar qué impide que salga a flote la versión más amable de nosotros mismos es un ejercicio muy recomendable. Como explico en el capítulo 3, entre los principales responsables de esta resistencia está la prisa, y también el miedo a que la oferta de ayuda no sea bien recibida.

En el plano social, el principal obstáculo para alcanzar una sociedad más compasiva no se encuentra en nuestra pretendida tendencia hacia el mal y la crueldad, sino en nuestra inclinación a prever el peligro que acecha en todo momento y en las intenciones de los demás. En el capítulo 1 abordo una pregunta sobre esta cuestión que, como periodista, me ronda constantemente la cabeza: ¿hasta qué punto contribuyen los medios de comunicación a sembrar relatos de miedo y desesperanza en la sociedad?

He escrito este libro desde muchos lugares diferentes: una biblioteca pública en la que un reloj marcaba perennemente las 12:40, una casa que sobrevivió por los pelos a un incendio que dejó asolada la zona de alrededor; también desde aeropuertos y estaciones de tren mientras preparaba una mudanza al extranjero. A lo largo de este tiempo he recibido, como cualquiera, buenas y malas noticias. Me he cortado el pelo, he tenido discusiones con familiares y colegas, he ganado una rifa escolar, he perdido un empleo, me han puesto multas de tráfico, he perdido las llaves de casa, se me ha torcido un tobillo y he quemado varios pucheros. En la vida no paran de ocurrir cosas, y cuando parece que está todo tranquilo y en su sitio, va y sucede algo. En medio de este interminable trajín, ¿qué es real? ¿En qué podemos apoyarnos? ¿De qué se compone ese centro del huracán? Estas son algunas de las preguntas que guían estos capítulos, escritos con el deseo de ayudar al lector a construir un refugio propio, incluso en medio de las turbulencias.

Parto de la premisa de que si tienes un cerebro humano tienes un problema (como dice el neurocientífico Wolf Singer: «nuestro cerebro es como una orquesta sin director»). Sabemos poco sobre nosotros mismos, y nos dejamos llevar por creencias que nos llevan a la infelicidad. Hechos como conseguir un ascenso en el trabajo o ganar la lotería, en efecto, nos hacen más felices, pero no tanto ni durante tanto tiempo como creemos que lo harán. El precio a pagar por esta falta de conocimiento de nosotros mismos puede ser muy elevado. Parafraseando al psicólogo y autor estadounidense Ronald Siegel, quizá no haya nada peor que alcanzar la parte superior de la escalera y descubrir que estás en la pared equivocada.

Familiarizarnos con estas creencias que rigen nuestra vida y comprender nuestros sesgos, como la tendencia hacia lo negativo, es el primer paso para ser más compasivos con nosotros mismos. A ello me refiero en el capítulo 4, donde despejo malentendidos en torno a la autocompasión (que no hay que confundir con la autoindulgencia, ni tampoco con la autoestima) y abordo una pregunta importante: ¿qué te frena a la hora de ser más compasivo contigo mismo? Esta es una cuestión clave, porque el mundo de fuera depende de cómo esté mi interior. No vemos las cosas como son, las vemos como somos, decía la escritora francesa Anaïs Nin. Esto quiere decir que cuanto más grande y amable sea mi mundo interior, más segura me sentiré ahí fuera.

Si has vivido lo suficiente, seguramente habrás notado que todos vamos improvisando, y con la sensación de no estar nunca lo suficientemente preparados. A algunas personas se les nota más que a otras, pero solo tenemos acceso a un diálogo interno: el nuestro. El problema es que comparamos peras con manzanas: nuestro mundo interior con el mundo exterior que muestran nuestros semejantes (algo que se ha incrementado exponencialmente con las redes sociales) y eso nos hace sufrir. Por eso, el fin del sufrimiento no sucede cuando las cosas cambian (o no necesariamente), sino cuando nosotros cambiamos con relación a nuestras circunstancias. Cuando aceptamos nuestra vulnerabilidad y recordamos nuestra humanidad compartida. Aquello que nos une, en lugar de lo que nos separa.

Durante esos días en los que mantuve el retiro forzoso mientras recuperaba la visión, escuché un buen número de charlas. En una de ellas descubrí una bella parábola budista que narra la historia de un viajante que llega a un río de aguas caudalosas que le impide continuar su camino. Tras comprobar que no hay puentes ni pasos alternativos, el viajante no tiene más remedio que fabricarse su propia balsa con las ramas, maderos o lianas que encuentra alrededor. En la simbología del relato, se trata de cruzar de la orilla del sufrimiento a la orilla del bienestar. Y la barca es una metáfora de lo que puedes hacer para superar aquello que te provoca malestar.

Este es, de alguna manera, el fin de este libro: ofrecer recursos con los que ayudar al lector a construir su propia balsa. Los materiales quizás estén tan a mano que pasen desapercibidos; es un cambio de mirada lo que buscamos, no un BMW o un retiro en Bali. Se trata, me parece, de encontrar nuestra propia luz. Y entender que alcanzar la paz mental es un trabajo interno que no está relacionado con la fama, la fortuna o si tu pareja te quiere. La escritora estadounidense Anne Lamott lo expresa muy bien con su humor ácido cuando dice que «no hay casi nada fuera de ti que pueda ayudar de forma duradera, a menos que estés esperando el órgano de un donante».

Concluyo el libro con aquello que deseo cultivar en mí

misma: esperanza sabia, la que una crea a través de lo que hace, y cuya evocación ilumina el camino. Y el deseo de que nos queramos más, que los años pasan rápido y nos llevan a todos al mismo lugar.

1.
Piensa bien y acertarás

Quienes cuentan las historias de una cultura controlan el comportamiento del ser humano.

GEORGE GERBNER

Cuando la escritura de este libro tomó cuerpo, hice un barrido por mi biblioteca y elegí los libros que pensé que me servirían para documentarme. Llené dos bolsas grandes de gimnasio, una ocurrencia muy poco práctica porque vivo entre dos casas y arrastrar todos esos kilos de papel en cada desplazamiento es farragoso. Sin embargo, al cabo de un tiempo se hizo obvio que tan importante como documentarme iba a ser «desdocumentarme»: retirar de mi cabeza —o intentarlo— relatos sobre el mundo que perjudican y asustan sin aportar el contexto ni profundizar en las causas. No es sencillo. Añadir información a nuestro repertorio mental es relativamente fácil, pero quitarte de encima narrativas dañinas puede ser mucho más complejo. Algo así como retirar la sal de las croquetas una vez cocinadas.

En este capítulo voy a referirme a algunos ejemplos de relatos que contaminan la mente, y explicar por qué es importante revisarlos para, dicho burdamente, pensar mejor. También me adentro en la falta de adecuación de nuestro cerebro a los desafíos de la sociedad actual, y en la importancia de tomar contacto con ciertos sesgos que tenemos instalados de serie —como la tendencia a la negatividad— para acercarnos a lo que nos hace más felices y más libres, que es de lo que venimos a hablar aquí.

Del huracán Katrina a los náufragos de Oceanía

Una mañana de finales de agosto de 2005, cuando trabajaba como corresponsal desde California, me llamó la editora jefa para pedirme que viajase a Nueva Orleans para encargarme de la cobertura del huracán Katrina, uno de los más destructivos y el que causó más víctimas mortales en Estados Unidos. Preparé mis cosas apresuradamente y tomé el primer vuelo disponible. Ya era de noche cuando aterricé en el aeropuerto más cercano que estaba operativo, en Jackson, la capital de Misisipi. Tenía una habitación de hotel reservada para esa primera noche, y un coche de alquiler con algo de gasolina. Más allá de esos medios, llegar hasta Nueva Orleans (a más de trescientos kilómetros de distancia), corría de mi cuenta.

La situación era caótica. En las gasolineras había colas kilométricas de conductores desesperados para hacerse con el combustible, que estaba siendo racionado, y los hoteles estaban ocupados por familias que habían sido evacuadas de sus hogares cuando se produjo la inundación de la mayor parte de la ciudad. Aproximarse a la costa de Luisiana, donde murieron al menos dos mil personas, presentaba grandes dificultades. Lo conseguí contra todo pronóstico y gracias a personas que fui conociendo sobre la marcha que me ayudaron de forma completamente desinteresada.

Rusty Myers, el propietario de un negocio de jardinería con quien sigo teniendo contacto a fecha de hoy, me ofreció el combustible que necesitaba para llegar a Nueva Orleans. Le conocí en la cola del supermercado y, para desahogarme un poco, le hablé de mi misión imposible. Enseguida me propuso una solución, pero me extrañó tanto su propuesta que pensé que estaba malinterpretando su acento sureño. Pero no, había comprendido bien: sin su ayuda nunca habría podido hacer mi trabajo. No solo me cedió el combustible, también me ofreció alojamiento y comida en casa en de su madre en Hattiesburg, al norte de Nueva Orleans. Rusty es una de tantas personas que conocí en una vivencia que atesoro con gran cariño porque me mostró que, **en un episodio de desesperación y sufrimiento, también es posible encontrar lo mejor de las personas.**

Estos párrafos pertenecen a una de las crónicas que envié un par de días después:

> En medio del caos y las carencias que sufren las zonas devastadas por el huracán Katrina también ocurren milagros, o al menos eso piensa esta reportera, a quien le han caído del cielo 115 litros de combustible y alojamiento.
>
> «Siempre dependí de la amabilidad de los extraños», reza una de las frases más citadas de la historia del cine en esa gran película sureña que es *Un tranvía llamado deseo*. Quien firma suscribe al cien por cien ese dicho tras hacerse, gratis y de manos de un total extraño, con el regalo más preciado por esta zona: nada menos que combustible y alojamiento en Hattiesburg, una ciudad saturada por la cantidad de refugiados recién llegados del litoral.
>
> Con la mayoría de las estaciones de servicio cerradas y colas de coches que alcanzan los dos kilómetros —y que hay que esperar en medio del calor y la humedad inclementes de Misisipi—, se trata de algo que vale, literalmente, su peso en oro. Además del líquido en cuestión el regalo incluye los recipientes, algo que nadie consideraría muy valioso en otros momentos, pero que ahora es prácticamente imposible encontrar [...].

Los medios de comunicación, incluida la agencia de noticias para la que yo trabajaba, estaban saturados de historias de pillajes, asesinatos, e incluso bebés degollados y niñas violadas (tiempo después, la policía admitió que no se habían registrado oficialmente asesinatos ni violaciones, y que los saqueos habían sido perpetrados por grupos que colaboraban por sobrevivir). Pero mi realidad fue otra, y en mi viaje a la zona me rodearon ángeles salvadores como Rusty Myers. De hecho, la ayuda que recibí fue tan grande que rebajé el tono en las crónicas, so pena de que no resultasen creíbles; **desde entonces me pregunto hasta qué punto esconder o atenuar los aspectos positivos en medio de un evento trágico es una práctica habitual en el periodismo.**

Con esta historia no pretendo negar la realidad del sufrimiento inmenso que presenciamos en tantos lugares del planeta. Pero traigo a colación la anécdota de mi viaje porque estoy convencida de que, si repasamos nuestra vida con atención, descubriremos vivencias de solidaridad y compasión que podemos guardar con mimo, envueltas en papel de celofán, como si fuera el primer diente de leche de tu hijo o la única foto de la bisabuela.

«Hay un mito persistente de que los humanos son egoístas y agresivos por naturaleza y entran en pánico rápidamente», escribe el historiador Rutger Bregman en su rompedor *Dignos de ser humanos*, un libro que desafía el relato tradicional de quiénes somos, de dónde venimos y adónde vamos. Sin embargo, lo contrario es lo cierto: **«Las catástrofes sacan a flote lo mejor de la gente. No sé de ningún otro descubrimiento sociológico que esté basado en tanta evidencia y que haya sido tan descaradamente ignorado. La imagen que nos dan los medios es de forma consistente la opuesta a lo que ocurre cuando el desastre sucede».**

Bregman tiene una tesis radical: que **la mayoría de la gente, en el fondo, es bastante decente. Para tocar esta realidad hay que salir de la caverna y cuestionar buena parte de**

los relatos que han llegado a nosotros a través del cine, la literatura y, sobre todo, los medios de comunicación. Por ejemplo, aunque la película *Titanic* muestra un ataque de pánico colectivo, del que solo se salvan los músicos del cuarteto de cuerda, la realidad fue otra: la evacuación tuvo lugar de forma muy ordenada. Un superviviente explicó que «no había ningún indicio de pánico o histeria, no se oían gritos de terror y nadie corría de un lado para otro».

De forma similar, en la evacuación de las Torres Gemelas tras el atentado del 11 de septiembre de 2001 en Nueva York, miles de personas descendieron con calma las escaleras mientras las Torres ardían, y cedían el paso a los bomberos y a los heridos. Pero esa no es, en líneas generales, la historia que nos llegó a través de los medios.

Quizá también tengamos que revisar algunos relatos clásicos que se centran en las maldades de las que somos capaces. Entre ellas sobresale *El señor de las moscas*, la novela escrita por William Golding en 1954 que vendió millones de ejemplares, se tradujo a más de treinta idiomas y marcó a generaciones. Casi tres décadas más tarde, Golding ganó el Premio Nobel porque su obra «ilumina la condición humana en el mundo de hoy con la perspicuidad del arte narrativo realista y la diversidad y universalidad del mito».

Golding narra la historia de un grupo de niños británicos, únicos supervivientes de un accidente de avión que se estrella en una isla desierta del Pacífico. Aunque inicialmente están contentos por poder vivir esta aventura milagrosa, con el paso de los días y a medida que avanza el libro empiezan a pelearse entre ellos, y la violencia y el miedo ocupan más y más espacio.

Este libro suele citarse como paradigmático sobre la oscuridad del corazón del hombre. Pero se nos olvida que es un relato inventado que procede de un alcohólico propenso a la depresión que pegaba a sus hijos y que afirmaba «haber entendido siempre a los nazis». La visión de Golding, además, contrasta con un caso real. En Oceanía, en la década de 1960, seis niños habían naufragado en una isla desierta del Pacífico, y fueron rescatados por un capitán de barco australiano.

La isla donde desembarcaron, llamada Ata, se considera inhabitable hoy en día por sus condiciones demasiado duras. Pero los chicos se las apañaron para sobrevivir en este entorno inhóspito durante un año, y lo hicieron muy bien. Construyeron un huerto, usaron troncos de árboles para almacenar el agua de lluvia, un gimnasio y un fuego permanente. Mientras que los chicos de la novela de Golding se pelean por el fuego, en la vida real los niños cuidaron, durante más de un año, la llama de su hoguera para que nunca se apagase, según relata Bregman.

La pregunta de base es: ¿cómo somos realmente? ¿Somos egoístas, insolidarios y nos movemos solo por nuestro propio interés? El principal exponente de esta visión oscura es Hobbes («el hombre es un lobo para el hombre»), coreado por grandes figuras históricas. «Descendemos de una serie sin fin de generaciones de asesinos», dijo Sigmund Freud, una de las principales figuras intelectuales del siglo XX y padre del psicoanálisis. Del otro lado de este cuadrilátero monumental está Rousseau, que defendía que el hombre es bueno por naturaleza y que es precisamente la civilización lo que nos ha corrompido. «No es la supervivencia del más fuerte, sino la supervivencia del que se nutre», dice el psicólogo social Lou Cozolino. Y de este lado se sitúa también Bregman: **«Nuestra verdadera naturaleza es ser amables, solidarios y cooperativos»**, escribe.

¿Cuál es tu experiencia? ¿Crees que somos gente decente, que se puede confiar en el prójimo?

Es una lástima que este no sea un libro interactivo, porque en este punto enviaría a los lectores a una página u otra en función de su respuesta. Como no es el caso, voy a presentar otro dilema más:

Imagina que un avión hace un aterrizaje de emergencia y se rompe en tres partes. Mientras la cabina se llena de humo, los pasajeros se dan cuenta de que tienen que salir de allí cuanto antes. ¿Qué ocurre?

En el **planeta A**, los pasajeros se dirigen a sus vecinos de asiento y les preguntan si están bien. Los que necesitan ayuda salen primero del avión. La gente está dispuesta a dar su vida incluso por completos desconocidos.

En el **planeta B**, cada uno tiene que buscarse la vida por su cuenta. La gente entra en pánico. Hay empujones. Niños, mayores y gente con necesidades especiales se quedan atrapados en las llamas.

La gran pregunta es: ¿en qué planeta vivimos? Las investigaciones de Tom Postmes, el profesor de psicología de los

Países Bajos, autor de esta propuesta, indican que cerca del 97 % de las personas piensan que vivimos en el Planeta B, independientemente de cuál sea su nivel educativo, adquisitivo o ideología política. Y, sin embargo, la realidad es otra: vivimos en el planeta A, y esta aseveración se ha investigado ampliamente. Incluso cuando ocurren los peores desastres.

La respuesta a esta diatriba es importante, porque de que creas una cosa u otra dependerá, en gran medida, tu vivencia.

Constructores de nuestra propia realidad: el efecto bumerán

Cuando conduzco entre las dos casas en las que vivo —con las pesadas bolsas de libros a cuestas— me gusta poner la radio. Como es una zona con mala señal (solo Radio María se escucha nítidamente a lo largo de todo el trayecto) voy de emisora en emisora. Esto significa que me trago una y otra vez los mismos anuncios, entre ellos los de una empresa de seguridad privada para el hogar con mensajes del tipo de «sabemos qué se siente cuando un ruido te despierta en mitad de la noche». Entonces me apuro al volante, con la certidumbre de que mi casa está siendo desvalijada en ese mismo instante y de que cuando llegue a ella será demasiado tarde y los ladrones no habrán dejado ni las peladillas del plato de Navidad.

Una asociación para regular la publicidad ya reprendió a esta empresa de seguridad por unas cuñas en las que la voz de un conocido meteorólogo decía: «Esta es la casa de los López. Cuando estaban de vacaciones, les robaron todo. Y esta es la de los García; ellos no tuvieron tanta suerte. Cuando robaron estaban dentro [...] Solo con una llamada puedes evitarlo».

Este es un ejemplo de relato que alimenta el mito de una realidad hostil para hacer crecer un negocio. Por supuesto que queda mucho espacio para mejorar en cuestiones cruciales como la violencia machista y tantas otras. Pero la tasa de criminalidad en España (que en 2021 era de 41,4 delitos por cada mil habitantes) habla de un país seguro. Y, sin embargo, si lees o ves determinados medios, puedes llevarte la impresión de que basta un descuido al salir a comprar el pan para que los ladrones o los okupas se abalancen sobre tu vivienda; de que en cada esquina de una gran ciudad hay un bebé muriendo de calor atrapado en la sillita del coche, abandonado por su mamá o su papá, o de que dejar salir a tu hija por la noche es una temeridad ahora que se ha puesto de moda drogar a las jóvenes en locales de fiesta.

Muchos medios difunden este tipo de relatos sin incorporar apenas contexto, porque el contexto requiere tiempo adicional de elaboración y puede incidir en las estadísticas de audiencia. Y así van abonando creencias. De lo que creas, de cuál sea tu imagen del mundo, dependerá en gran medida tu experiencia. Es una profecía autocumplida. **Si esperas lo peor de los demás, seguramente es eso lo que te encontrarás.** Ver para creer, sí, pero también creer para ver (y es una observación que no invalida en absoluto el deseo de que estos incidentes se reduzcan hasta desaparecer por completo). ¿Es la confianza la que produce confianza, igual que el miedo devuelve miedo? ¿Vivimos en un constante «efecto bumerán» en el que recibimos aquello que lanzamos? **¿Vemos el mundo como es o lo vemos según nos sentimos?**

Remontémonos un instante a un año aciago, 1945. Robert Desnos, poeta surrealista francés y miembro de la Resistencia en la Segunda Guerra Mundial, se encontraba retenido en el campo de concentración de Terezin,* en la antigua Checoslovaquia. Un día, los guardias sacan al poeta del campo de concentración donde ha estado prisionero junto con otros muchos hombres que se agolpan en un camión. Todos ellos son conscientes de que el camión se dirige a las cámaras de gas. Y cuando el vehículo llega, nadie tiene ánimos para hablar, ni siquiera los guardias. Este silencio se ve interrumpido por un hombre enérgico (Desnos), que salta a otra fila y toma la mano a uno de los condenados.

Por improbable que parezca, esto es lo que hace el poeta: leer la palma de la mano del hombre. «Oh —dice—, veo que tienes una línea de vida muy larga. Y vas a tener tres hijos». El poeta se muestra exuberante, y su entusiasmo es contagioso. Primero un hombre, luego otro, ofrecen su mano, y la predicción es de longevidad, más hijos, abundante alegría. A medida que Desnos lee más palmas de la mano, no solo se transforma el estado de ánimo de los presos, sino también el

* Desnos sobrevivió hasta la liberación de Terezin, pero murió de tifus un mes después.

de los guardias. ¿Cómo se puede explicar? Quizás el elemento sorpresa ha sembrado una sombra de duda en sus mentes. Si se decían a sí mismos que estas muertes eran inevitables, esto ya no parece tan indiscutible. En cualquier caso, están tan desorientados por este repentino cambio de humor entre los que van a matar que son incapaces de llevar a cabo las ejecuciones. Así que todos los hombres, junto con Desnos, vuelven a subirse al camión y son trasladados de vuelta al cuartel. Desnos ha salvado su vida y la de los demás gracias a su imaginación.

Con nuestras acciones, aunque no sean tan extravagantes como las de este poeta, creamos el futuro. Una amiga activista muy sabia suele decir que sigue adelante, involucrándose y dedicando tiempo a la lucha de causas que parecen perdidas de antemano porque «quizá no sea posible cambiar la sociedad, pero no quiero que la sociedad me cambie a mí». La psicología budista enfatiza que **nuestros pensamientos generan acciones; estas acciones generan hábitos; los hábitos generan carácter y el carácter es nuestro destino.** O, si se prefiere una expresión más poética, me gustan mucho las palabras del teólogo y poeta brasileño Rubém Alves: «Plantemos dátiles, aunque quienes los planten no puedan llegar a comérselos. Debemos vivir por amor a lo que nunca veremos».

Apostar por la bondad humana, por esa gente decente, a pesar de todo, es enfrentarse a una hidra, ese monstruo mitológico de siete cabezas que tenía la capacidad de regenerar dos por cada una que perdía o era amputada. Supone exponerse al ridículo o quedar como una ingenua. Siempre es más fácil adoptar el papel de cínica, en parte porque las razones para la esperanza son siempre provisionales. Nada ha ido mal —todavía—. No te han engañado —todavía—.

Si la mayoría de la gente es mala, quizá no tenga mucho sentido ofrecer resistencia ni mostrarse comprometida. Por el contrario, quien diga que las personas tenemos una clara inclinación hacia el bien, tiene que pensar mucho más para entender por qué existe el mal, y se obliga a sí mismo a hacer algo al respecto porque, en tal caso, ofrecer resistencia y mostrarse comprometido sí tiene sentido. Pero merece la pena recordar que, en el relato mitológico, Hércules consigue reducir a la hidra, el monstruo de muchas cabezas y aliento apestoso, en el segundo de sus doce trabajos. En el mundo actual, un creciente grupo de pequeños Hércules apuestan por la **defensa de la compasión como gran potencial humano, y ofrecen un relato de quiénes somos y por qué nos comportamos como nos comportamos mucho más compasivo que el que ha venido siendo estándar hasta ahora.**

La mente compasiva: ¿en qué nos parecemos a una jirafa?

El principal obstáculo para crear una sociedad más compasiva no es nuestra tendencia hacia el mal y la crueldad —que existen, desde luego, tal como hemos venido escuchando desde que éramos escolares—, sino la innata inclinación a prever el peligro que acecha en cada esquina y en las intenciones de los demás.

Por otro lado, la propensión a evaluarnos, compararnos y competir con otros y con nosotros mismos, que fue tan útil para la supervivencia, permanece firmemente anclada en nuestro cerebro humano. Nos atrapa en un sufrimiento autocentrado, innecesario, que nos aleja de las actividades que podrían hacernos más felices y saludables, tal y como exploraremos en el capítulo 4.

Malas noticias: nuestros cerebros están optimizados para sobrevivir, pero no necesariamente para ser felices. Y por esa «rendija» en nuestra psicología se cuelan los anuncios engañosos como los de la empresa de seguridad y las noticias truculentas. De esto se vale el *doomscrolling*, la afición a mirar *posts* indignantes o negativos en redes sociales, un contenido que las propias redes sociales refuerzan con sus algoritmos. Construimos la realidad apoyándonos en sesgos mentales como el llamado «heurística de disponibilidad»: si escuchamos a menudo los anuncios de la radio alertándonos del robo inminente de nuestra casa, creeremos que salir a tirar la basura sin conectar la alarma o dar tres vueltas a los siete cerrojos es un riesgo.

Quizá te suene la frase «velcro para lo malo, teflón para lo bueno» del neuropsicólogo de la Universidad de Berkeley Rick Hanson, uno de los más conocidos a la hora de hablar de cómo y por qué nuestro cerebro está programado para centrarse en lo negativo. Aprendemos inmediatamente del dolor —el gato escaldado del agua caliente huye—, pero con las experiencias positivas ya es otro cantar. Tanto es así que Hanson llega a decir que el pensamiento positivo «se desperdicia en el cerebro». ¿Por qué? El pensamiento positivo es, por definición, conceptual y generalmente verbal. Y esto no tiene, en el fondo, un gran impacto en nuestra psique. No estoy del todo de acuerdo con Hanson, pero lo que quiero enfatizar, y es una de las ideas centrales de este libro, es que **lo que cambia la vida no es el pensamiento positivo, sino el pensamiento claro: ver el mosaico completo de la realidad.**

¿Por qué nos fijamos más en lo negativo? Porque en el pasado, cuando nos alojábamos en cuevas, era fundamental para nuestra supervivencia tener bien presentes amenazas cotidianas como los depredadores. Mientras que el olvido de una experiencia positiva no es crucial —siempre se puede recordar al día siguiente—, ignorar experiencias negativas podía conducir a la muerte. La serpiente de cascabel solo necesita morderte una vez. Por tanto, a diferencia de lo negativo, que llega cargado de urgencia, lo positivo no pasa de forma automática a esa zona de almacenamiento de nuestro cerebro que reutilizará esas señales como advertencia. Hay que hacer un esfuerzo activo para que esto ocurra.

¿Tenemos la culpa de que en nuestra mente operen prejuicios como estos? Algo clave para comprender mejor cómo funcionamos es entender que **dentro de cada uno de nosotros convive el cerebro que descompone el átomo y el que despioja al compañero, y esto crea todo tipo de problemas.** La ciencia moderna indica que un diseño evolucionado no es necesariamente un diseño bueno, y que una ventaja en un área puede producir desventajas en otras. Además, la evolución adapta diseños preexistentes, no comienza desde cero. Por ejemplo, el largo cuello de la jirafa permite que el animal se alimente de las ramas más altas, pero presenta una dificultad para beber agua o para la actividad sexual.

Si observamos cómo funciona nuestra psicología, podemos ver compromisos similares. Por ejemplo, nuestro sistema de estrés está diseñado para lidiar con estresores de corta duración, como predadores, pero no estrés crónico, como el que abunda en nuestra sociedad actual, que muchas veces no tiene más sustento que nuestra imaginación.

Es lo que ocurre en la historia del monje ermitaño que vivía en una cueva en las montañas de Japón. Este monje era un artista talentoso, y con el tiempo pintó un cuadro de un tigre en la pared de la cueva. Era extremadamente meticuloso en su trabajo, y tardó varios años en terminarlo. Cuando por fin lo consiguió, el tigre era tan realista que cuando lo miraba se asustaba. Yo paso mucho más tiempo del que me gustaría observando a mis tigres pintados en la pared (y también asustándome), y es posible que a ti te pase lo mismo. Profundizaremos más en esta cuestión en el capítulo 4.

Los psicólogos evolucionistas se refieren a un desajuste, una falta de preparación física y mental con el mundo moderno. Entre otras cosas, nuestros cerebros evolucionaron para lidiar con condiciones de escasez, no de abundancia, y tenemos una naturaleza de buscadores y «deseadores», porque durante millones de años este era el estado con el que con frecuencia nos encontrábamos.

La vida moderna produce saturación. Un ejemplo obvio de saturación fisiológica se produce con la comida: nuestro sistema cardiovascular no está diseñado para lidiar con tanta comida rica en grasas, azúcares o carbohidratos. La obesidad es un problema porque no evolucionamos con mecanismos para el control de esta saturación. Así que nos encontramos con esa pelea entre los dos cerebros: **por un lado, nuestra mente está condicionada para buscar más y más; por otro, hemos de luchar para poner freno a estos mismos deseos. La paradoja es que, aunque no soy responsable de mis deseos de querer pizza y donuts, si cedo a estos deseos engordaré y mi salud se resentirá.** Y a este «fallo evolutivo» que permite que Tom y Jerry convivan en el reducido espacio de nuestra mente, hay que añadir el pequeño detalle de que vivimos en un sistema capitalista. Uno de sus grandes motores es una industria del marketing cuyo objetivo es espolear nuestro descontento para asegurarse de que deseemos y consumamos más y más.

Comprender mejor cómo funciona nuestra mente es el primer paso para ser más compasivos con nosotros mismos. Para empezar, yo no tengo la culpa de mucho de lo que pasa por una mente que no solo tiene deseos de pizza o donuts; también es capaz de sentir miedo, rabia o envidia desbocados. Tampoco tengo control sobre mis genes ni sobre el entorno en el que me crie, que son los dos factores más importantes a la hora de determinar quiénes somos. Cuando nos damos cuenta de cómo no hemos podido diseñar buena parte de lo que pasa por nuestra mente (¡ya nos gustaría!) podemos tomar responsabilidad de nuevas maneras, y aprender a trabajar con lo que tenemos. «Cuando dejamos de condenarnos a nosotros mismos y a los demás, somos más libres para desarrollar la comprensión que necesitamos para responsabilizarnos de nosotros mismos y de nuestras acciones», escribe el psicólogo de Reino Unido Paul Gilbert, autor de *La mente compasiva* y creador de la terapia centrada en la compasión.

La compasión es una multivitamina para la mente, y su práctica abre el camino hacia un cerebro más regulado que nos ayuda a estar más en paz con nosotros mismos y más receptivos con los demás. Desarrollar una mente compasiva permite crear patrones en nuestro cerebro para organizar nuestra motivación, emociones y pensamientos, de forma que nos conduzcan a un mayor bienestar. «No hemos aprendido a entrenar nuestra mente para la compasión, felicidad y contento. Todos los mensajes que recibimos de nuestra familia, escuela o trabajo apuntan a no dormirse en los laureles y no contentarse», dice Gilbert.

No hemos aprendido —todavía—. La buena noticia es que podemos entrenar nuestra mente para ser más sabios y compasivos. El primer paso es darnos cuenta de que, en general, sabemos poco sobre lo que nos hace verdaderamente felices y lo que nos causa desdicha.

La felicidad y los prismáticos

> La felicidad es como una pluma
> Que el viento lleva por el aire
> Vuela tan ligera
> Pero tiene vida breve
> Requiere que haya viento sin parar.
>
> VINÍCIUS DE MORAES

A menudo recuerdo la historia de la anciana que llama a la policía para quejarse de que hay unos jóvenes bañándose desnudos en el río al lado de su casa. Las autoridades obligan a los bañistas a alejarse orilla arriba. Pero la señora no se queda satisfecha, y vuelve a coger el teléfono: «Si subo al tejado con unos prismáticos, todavía puedo verlos».

En *El arte de amargarse la vida*, de donde procede esta minifábula, el psiquiatra Paul Watzlawick da muchas pistas valiosas sobre cómo aprender a entrenar nuestra mente para la felicidad, hablando justamente de lo contrario. Además de hacernos reír, que no es poco, los consejos de Watzlawick sobre cómo alcanzar la infelicidad dan **muchas pistas sobre la tontería humana y cómo superarla.** Watzlawick es un experto en mostrarnos cómo infligir malestar en nuestra vida cotidiana. Desde usar el pasado como una fuente de infelicidad (como en «cualquier tiempo pasado fue mejor») hasta soñar con imposibles, evitar hacer frente a la realidad o estar siempre alerta y en estado de ansiedad, con pensamientos como estos: «El optimismo hacia el futuro solo conduce a la decepción». «Es importante que te convenzas de que tarde o temprano tu matrimonio hará aguas, lo mismo que tu negocio o empleo». «Tus hijos te repudiarán, tu casa terminará infestada de termitas y nada, lo que se dice nada, saldrá bien en el futuro».

Esta es una de las meditaciones que propone para ejercitarnos de manera práctica en este arte de la infelicidad:

> Sentado en tu silla, cierra los ojos y lleva la atención a tus zapatos. En poco tiempo notarás lo incómodo que es estar calzado. Independientemente de lo bien que te quedasen hasta ahora, en este momento comenzarás a notar zonas donde se ciñen demasiado, y sensaciones de malestar como frío, calor, dedos encogidos, rozamientos, etc. Practica hasta que el hecho de llevar zapatos se vuelva decididamente poco cómodo. Sal a la calle, cómprate otro calzado y date cuenta de que, aunque te quedaba perfecto en la tienda, en poco tiempo te ocasiona el mismo malestar.

En su libro *La ciencia de la felicidad,* Sonja Lyubomirsky, una de las principales expertas en el campo de la psicología positiva, viene a decir lo mismo que Watzlawick, pero sin hacer uso de la sátira. Cuando entrevisté a esta autora, años atrás, manifestaba sorpresa ante lo poco que sabemos sobre lo que nos hace felices y lo que nos causa malestar.

Lyubomirsky recorre diez momentos críticos de la vida adulta, desde las relaciones familiares hasta el dinero, el trabajo, problemas de salud o envejecimiento. La psicóloga concluye —apoyándose en cerca de cuatrocientas cincuenta investigaciones sobre el asunto— que **los momentos críticos pueden ser oportunidades para renovarse y crecer, y que resulta casi imposible saber de antemano qué acontecimientos van a alterar nuestra vida de forma significativa y en qué sentido.** Cosas como conseguir un ascenso o ganar la lotería efectivamente hacen más feliz a la gente, pero no tanto ni durante tanto tiempo como anticipamos. «**Nada en la vida es tan importante como crees que lo es mientras piensas en ello** —dice—. **Es un cliché, pero la felicidad está realmente dentro de nosotros».**

Y es precisamente esa cercanía lo que impide que la reconozcamos. Lo ilustra muy bien esa leyenda hindú que cuenta que, en otro tiempo, todos los hombres eran dioses. Abusaban tanto de su divinidad que Brahma, el dios creador, decidió quitarles el poder divino y esconderlo en un lugar donde les sería imposible encontrarlo. El dilema era elegir un escondite. La asamblea de dioses menores, convocada para resolver el problema, propuso enterrar la divinidad del hombre bajo tierra. Brahma respondió: «No, eso no sería suficiente, pues el hombre cavaría y al final la encontraría». Entonces, la asamblea contestó: «En ese caso, arrojemos su divinidad al más profundo de los océanos». Pero Brahma respondió de nuevo: «No. Tarde o temprano el hombre explorará las profundidades de los océanos y seguro que un día la encontrará y la devolverá a la superficie».

La asamblea llegó a la conclusión de que no parecía existir

un sitio al que no pudiera llegar el hombre. Así pues, Brahma decidió esconder la divinidad del hombre en lo más profundo del ser de cada hombre, pues pensó que era el único lugar donde jamás buscaría. Desde entonces, concluye la leyenda, el hombre explora, escala, estudia, cava y se sumerge en busca de algo que reside en él mismo.

Nuestra falta de conocimiento sobre lo que nos sienta verdaderamente bien se reduciría, argumenta Lyubomirsky, si tuviéramos en cuenta la existencia de algunos conceptos clave. Entre los que ella citaba quiero destacar la **adaptación hedónica, nuestra capacidad para adaptarnos a todo lo bueno que nos ocurre —en algunos casos de forma verdaderamente vertiginosa— y, consecuentemente, darlo por hecho enseguida.**

Otro descubrimiento favorito tras empaparme del trabajo de esta experta es el llamado «sistema inmunitario psicológico», que viene a decir que, al igual que disponemos de un mecanismo que nos protege de los virus y las enfermedades, contamos con un arsenal de habilidades y dones para hacer frente a la adversidad. Esta es la balsa con la que cruzar a la otra orilla de la que hablaba en la introducción. Nuestra ignorancia acerca de este sistema inmunitario contribuye a que sobrevaloremos la duración y la intensidad de la desesperación en que nos sumirá un acontecimiento vital negativo. De la misma forma, tampoco medimos bien la duración e intensidad de la dicha en que nos instalará un acontecimiento positivo concreto, como conseguir un buen empleo o tener un hijo largamente deseado.

Estuve a punto de perder mi casa en una de las olas de brutales incendios que asolaron España. Con las llamas rodeando la parcela, apenas si tuve tiempo de sacar los álbumes de fotos, el dibujo de una rama de almendro en flor pintado en tela que compré en un mercado en China y, por supuesto, a Juana, el peluche de mi hija pequeña (la bolsa con los libros pesados ya estaba a buen recaudo en el coche). En los ultimísimos momentos, mientras empapaba el suelo con la manguera y la Guardia Civil me increpaba para abandonar el lugar, me despedí de libros y cuadernos, manualidades de mis hijas, el molde de escayola decorado con el dibujo de un árbol de largas raíces que recuerda la barriga de mi primer embarazo. Sobre todo, dije adiós a una casa con alma, que es para mí una amiga (las cosas a veces tienen alma: procede de toda la vida que han recibido). Lloré muchísimo, desde que vi la primera columna de humo asomar por encima del monte por la mañana. Sin embargo, al cabo de unas horas ya me había hecho a la idea. Mi sistema inmunitario psicológico se había puesto en marcha y me había dejado claro que superaría esta pérdida, igual que había superado un par de años atrás la de mi padre, que falleció en condiciones muy duras en medio de la pandemia.

Esa noche nos llamaron unos vecinos para decirnos que la vivienda se había salvado. Que las llamas habían pasado de largo y que, aunque los campos de alrededor quedaron calcinados, nuestra casa y la pequeña parcela circundante estaban íntegros (salvo un joven y pequeño laurel que creo que murió de estrés). ¿Cuánto duró el alivio que sentí al recibir esta buena noticia? Mucho menos de lo que me hubiera gustado. Enseguida me engulló la cotidianidad: la adaptación hedónica (esa pasmosa facilidad con la que nos acostumbramos a dar por hecho lo bueno) estaba en marcha.

Otro aspecto que solemos pasar por alto, a pesar de la frecuencia con que se presenta en nuestra vida (a menudo con gran claridad): los acontecimientos positivos y los negativos van de la mano. En palabras de Lyubomirsky: **«Cuando reflexionamos sobre lo mejor y lo peor que nos ha ocurrido durante los últimos años, puede que nos sorprendamos al darnos cuenta de que a menudo son las dos caras de la misma moneda»**.

«La alegría y la congoja se entretejen sutilmente», dijo el poeta William Blake o, si se prefiere la dialéctica budista: no hay flor de loto sin barro. No podemos huir y evitar las facetas más desagradables de la vida, puesto que forman parte de ella. Se precisa reconocerlas, afrontarlas e integrarlas, y gracias a ellas podemos apreciar las partes más positivas. El día y la noche, el yin y el yang. Como escribe, con gran sensibilidad, la escritora y periodista española Carmen Pacheco: «La frondosidad de la selva del Amazonas no solo depende del río más largo y caudaloso del mundo, que acumula la quinta parte del agua dulce del planeta. Otro elemento clave para que se produzca este prodigio de fertilidad es el polvo del Sáhara, cargado de fósforo, que llega hasta la selva por las corrientes de aire que atraviesan el Atlántico. Esto significa que el lugar más desértico e inhóspito de la Tierra da vida al más fértil».

Ideas clave e indagación

- Las situaciones extremas con frecuencia sacan a flote lo mejor de las personas. Esconder o rebajar los aspectos positivos en medio de un evento trágico, sin embargo, es una práctica extendida en los medios de comunicación, que tienen un rol crucial como constructores de nuestra realidad.
- El principal obstáculo para alcanzar una sociedad más compasiva no es nuestra tendencia hacia el mal y la crueldad, sino nuestra inclinación a prever el peligro que acecha en todo momento y en las intenciones de los demás.
- Tenemos un sesgo hacia lo negativo porque en el pasado era fundamental para nuestra supervivencia estar muy atentos a amenazas cotidianas.
- Comprender mejor este y otros sesgos es el primer paso para ser más compasivos con nosotros mismos.
- Una mente compasiva crea patrones en nuestro cerebro para organizar nuestra motivación, emociones y pensamientos de forma que nos conduzcan a un mayor bienestar. Por eso podemos considerar a la compasión como una multivitamina para la mente.
- Resulta casi imposible saber de antemano qué acontecimientos van a alterar nuestra vida de forma significativa y en qué sentido.
- La «adaptación hedónica» se refiere a nuestra capacidad para acomodarnos rápidamente a todo lo bueno que nos ocurre y darlo por hecho enseguida.

Indagación: ¿crees que somos gente decente, que se puede confiar en el prójimo? ¿Cómo resumirías tu experiencia vital en este sentido? ¿Sabes qué es lo que te hace feliz? ¿Cuánto dura esa felicidad cuando consigues ese algo?

2.
De qué hablamos cuando hablamos de compasión

Un frío atardecer de principios de primavera, unos años atrás, tras finalizar un taller intensivo dedicado al cultivo de la compasión, me encontré a mi padre en el tren de vuelta a casa. Se sorprendió al verme en un horario y recorrido inusuales. ¿Cómo explicarle de dónde venía, en qué estaba empleando tanto tiempo y energía? Mi padre era un profesor de matemáticas jubilado con mente cartesiana que dedicaba buena parte de su tiempo a la lectura de autores científicos. Tenía su ateísmo a gala, y le escamaba cualquier cosa que oliese a espiritualidad (aunque, en el fondo, era una persona intensamente espiritual en su amor por los libros o la música).

El caso es que este entusiasmo mío por el yoga, la meditación, el budismo zen y no digamos la compasión le resultaba incomprensible. Seguramente pensaba que me había salido de la sartén (católica) para caer en el cazo (oriental). Y la decisión de formarme como instructora en el cultivo de la compasión era, desde su punto de vista, una extravagancia con un sospechoso tufo a iglesia. Un punto de vista compartido por un buen número de amigos y colegas, a quienes también tengo en mente cuando escribo todo esto.

No fui capaz de compartir con mi padre los frutos de estas prácticas. En una ocasión verbalicé qué me había llevado a ellas años atrás —una aspiración a vivir más plenamente, a aprender a lidiar mejor con mi sufrimiento y fortalecer la capacidad de estar más presente con todo el espectro de la experiencia humana— e iniciamos un debate filosófico-dialéctico que me retrotrajo al club de debate del instituto y para el que no estaba en absoluto preparada.

Sin embargo, **el periodo de práctica más honesto en mi vida lo impulsó su fallecimiento al inicio de la pandemia**, cuando el mundo se había vuelto loco y yo sentí que todo lo que había hecho hasta la fecha era justamente una preparación para estar ahí, sin huir, y dar los primeros pasos para iniciar un camino de reconciliación con asuntos pendientes entre nosotros que sigue en marcha a fecha de hoy.

Mi padre, que representa para mí el modelo de persona que prima el intelecto y se cuestiona, recela y analiza todo (un modelo del que yo tampoco estoy tan alejada, en el fondo), no está aquí para leer sobre compasión. Pero si es cierto que todo es susceptible de ser narrado desde una perspectiva más compasiva, entonces esto también es para él.

Compasión sabia frente a compasión idiota

En mis paseos por el monte, los fines de semana que paso en esa casa a la que conduzco con la bolsa llena de libros en el maletero del coche, muchas veces me topo con una yegua de color gris ceniza con manchas blancas que tiene las patas de delante atadas. Está sola y, a todas luces, necesitada de compañía. Cuando me ve, acude a trompicones a saludarme moviendo las crines como loca. A veces me quedo un rato con ella y le hablo, porque me da la sensación de que mi visita es el momento más interesante del día para ella; si me acuerdo, le llevo una manzana. Es tan triste verla acercarse renqueante, en lugar de trotando y cabalgando alegremente por los prados que dan ganas de agacharse y cortar ese pedazo de soga que la inmoviliza de una forma tan cruel.

La última vez que vi a esta yegua acababa de escuchar las aventuras de un conocido que volvía de hacer un voluntariado de varios meses en un hospital de la India. Este hombre contaba que un día, de marcha por una zona montañosa, se encontró con un caballo con las patas atadas, igual que mi yegua. Pero su caballo estaba extremadamente flaco, hasta el punto de que él pensó que no resistiría un día más sin comer algo. Así que sopesó los pros y contras de regalarle unas horas o incluso días de libertad. Tuvo en cuenta los dolores de cabeza que causaría al dueño, y concluyó que lo encontraría tarde o temprano. Así que con una navaja afilada se agachó y procedió a cortar esa soga. El caballo se alejó feliz para disfrutar de su inesperada libertad.

Tras escuchar el relato de este conocido, y mientras miraba a mi yegua (no tan flaca y deslustrada como la de su historia, a buen seguro) me quedé con la mosca detrás de la oreja. Creía que tenía claro el concepto de compasión idiota al que se refiere Pema Chödrön, la renombrada monja budista estadounidense. **Chödrön habla de la tendencia general a dar a la gente lo que ellos quieren porque no puedes tolerar verlos sufrir.** «Básicamente, no les estás dando lo que necesitan. Estás tratando de huir de la sensación de no soportar verlos sufrir. En otras palabras, lo estás haciendo para ti, no para ellos», dice. ¿Liberar a mi yegua entraría en la categoría de compasión idiota? ¿Debería hacerlo, también yo, para liberar a este animal de su sufrimiento? ¿O pondría en aprietos al dueño y quizás incluso a algún conductor que podría encontrársela trotando en medio de la carretera? Es decir, ¿sería un gesto de compasión idiota?

Dejar que otros se aprovechen de ti, darles lo que piden, aunque eso no les haga bien a largo plazo o tenga repercusiones para terceras personas, no les beneficia ni a ellos ni a ti y entra dentro esta categoría. Y, sin embargo, con gran frecuencia confundimos esto con ser compasivo. Lo confundimos con muchas cosas. De hecho, existen tantos malentendidos que hay una solicitud en marcha para que la Real Academia de la Lengua (RAE) modifique la definición actual de compasión, que es esta: «sentimiento de pena, de ternura y de identificación ante los males de alguien», por esta otra: **«reconocimiento del sufrimiento, que mueve a procurar aliviarlo».**

La compasión es muy diferente de la pena, lástima o piedad, que asumen una posición de superioridad hacia el que sufre; la compasión, por el contrario, adopta una posición de igual a igual. Si has sido alguna vez objeto de lástima o piedad de alguien, ya sabes lo doloroso que es. Recibir compasión, por el contrario, es profundamente sanador.

Por otra parte, **la compasión no es buenismo, ni es para débiles o «blanditos». Es una de las declaraciones de fortaleza y coraje más importantes entre los seres humanos.** Cuando las personas escuchan la palabra compasión, suelen pensar en amabilidad. Pero su estudio científico, tal y como explica Paul Gibert, ha encontrado que **el núcleo de la compasión es el coraje. El coraje de ser compasivos reside en la disposición y voluntad de ver la naturaleza y las causas del sufrimiento, ya sea en nosotros mismos o en los demás.** Esto requiere valentía. Es más fácil perderse por Instagram, salir a tomar algo, trabajar sin parar que **tomarse el tiempo de bucear en los aspectos más oscuros de nuestra mente.** Y, por cierto, con frecuencia los «noes» son mucho más eficaces para reducir el sufrimiento que los «síes».

La compasión es contextual e implica estar profundamente ahí, sin huir, frente a la fuente de sufrimiento que tengas delante. Y tú tienes la última palabra, como muestra la historia del sabio sij. Este maestro, un día, llama a dos de sus discípulos a su cabaña y da una gallina a cada uno. «Id a un lugar donde nadie pueda veros y matad al ave», les dice. Uno de los devotos coge inmediatamente su pollo, se lo lleva a la parte de atrás de la cabaña del maestro y lo decapita con su cuchillo. Mientras tanto, el otro discípulo se pasea durante horas, para luego volver junto al maestro. «¿Qué ha pasado?», pregunta el profesor. «No puedo encontrar un lugar donde nadie me vea. Dondequiera que vaya, la gallina me ve».

Como recuerda mi querido amigo Iago Taibo Corsanego en su reciente libro, un compendio sobre la psicología positiva, compasión no es salvar el mundo. «Muchas personas no solo confunden compasión con una sumisión sistemática, sino que además se fuerzan a atender a todos los sufrimientos del mundo», escribe. Esto no es compasión: no funciona, no es factible ni sostenible. Y la sostenibilidad es uno de los componentes más importantes. «El límite está en la autocompasión. Puedes ofrecer hacia afuera hasta el momento en que te empieces a sentir saturado». Importante también aclarar que **no es esa suerte de pasividad o conformismo del estilo «es lo que me toca».** Aunque la compasión te ayude a sentirte más fuerte y capaz de convivir con el sufrimiento, no se trata de inmolarse emocionalmente con las desgracias del mundo. De hecho, cuanto más hagamos eso, más caeremos en una tristeza paralizadora que poco tiene que ver con la compasión.

El caso contra la empatía

Es importante aclarar también que la empatía, la capacidad de ponernos en la piel de otro, es un componente necesario en la compasión, pero no es, ni mucho menos, sinónimo de ella. **La compasión va un paso más allá: incluye también el deseo de ayudar.** Algunos pensadores (muy notablemente Paul Bloom en su libro *El caso contra la empatía. Argumentos para una compasión racional*) plantean que **la empatía es mala guía para la conducta moral y que lo que necesitamos es más compasión.** Bloom recurre a estudios clínicos y a la simple lógica para argumentar que la empatía, por bienintencionada que sea, es una mala guía para el razonamiento moral.

En la medida en que los individuos y las sociedades emiten juicios éticos sobre la base de la empatía, se vuelven menos sensibles al sufrimiento de un número cada vez mayor de personas. «Quiero defender el valor del razonamiento consciente y deliberativo en la vida cotidiana, argumentando que deberíamos esforzarnos por usar la cabeza en lugar del corazón —dice este autor—. Creo que entender a la gente es importante, pero no es necesariamente una fuerza para el bien. También puede ser una fuerza para el mal».

Intrigante, ¿no? Y, sin embargo, tiene todo el sentido: Bloom sostiene —y prueba con sus investigaciones— que la empatía y la compasión activan distintas partes del cerebro, con consecuencias, por tanto, diferentes. Si siento empatía hacia ti, será doloroso si estás sufriendo, e incluso agotador: me llevará a evitarte y no a ayudarte. Pero si siento compasión por ti, me sentiré estimulada. Trataré de mejorar tu vida. **La empatía es ir por el mundo con las luces cortas, y lo que explica que nos preocupemos más por una sola**

persona que por cien (o varios miles); o que nos importe más una niña blanca que ha desaparecido en nuestro país que mil niños hambrientos que no tienen nuestro aspecto o que viven donde nosotros no vivimos. «Puede que nos sintamos bien, pero la empatía nos lleva a menudo a tomar decisiones estúpidas y poco éticas», dice este autor.

Quiero aclarar que la empatía tiene un lugar muy importante en nuestra vida. Sin ella se desvanecería el placer de la ficción, y sería muy difícil establecer relaciones íntimas. Pero en el ámbito moral nos lleva por el mal camino. «Estaríamos mucho mejor si renunciáramos a la empatía y nos motivase más bien la compasión y el cuidado de los demás», dice Bloom.

Como se ve, la empatía es fácil de manipular. Para activarla humanizamos animales o incluso extraterrestres (como E.T. y su famoso teléfono). Y, del otro lado, deshumanizamos a colectivos enteros para desactivarla, como sucede en conflictos bélicos, cuando los enemigos pasan a ser animales (los soldados estadounidenses, por ejemplo, se referían al enemigo japonés como «monos» o «animales de la jungla») o incluso números. ¿Y quién va a sentir compasión por un número?

Pero no hace falta irse tan lejos. Creo que el factor que más incide en nuestra capacidad de sentir empatía como paso previo a la compasión es muy de andar por casa: la prisa.

Los estragos de la prisa

En **un famoso experimento**, Joshua Bell, uno de los violinistas más apreciados del mundo, tocó durante 45 minutos en hora punta en una concurrida estación del metro de Washington. El músico se prestó a colaborar en un reportaje con cámara oculta para *The Washington Post.* Bell, que el día anterior había tocado en la sala de la Orquesta Sinfónica de Boston, no escatimó esfuerzos. Con su violín valorado en 2,55 millones de euros, «tocó con entusiasmo acrobático [...], su cuerpo siguiendo la música, elevándose en las más elevadas», según el *Post.*

Pasaron varios minutos antes de que ocurriese algo. Habían desfilado ya 63 personas sin prestar atención cuando un hombre de mediana edad giró unos instantes la cabeza y tomó nota de que había un tipo tocando el violín. Después continuó su camino, inmune a los encantos de quien se ha dicho que con su violín es «capaz de explicar a los seres humanos por qué molestarse en vivir». **Por delante de Bell desfilaron 1.070 personas.** En los tres cuartos de hora que duró el experimento, siete personas pararon y se quedaron alrededor durante al menos un minuto. En total, 27 personas dieron dinero, la mayoría mientras se alejaba rápidamente, lo que le permitió recaudar 32 dólares y algunas monedas.

La grabación oculta lo dice todo. **La inmensa mayoría ni siquiera se para a mirar.** ¡Tienen demasiada prisa! **«Si no podemos tomarnos el tiempo para frenar un momento y escuchar a uno de los mejores músicos de la Tierra interpretar**

parte de la mejor música nunca escrita; si el empuje de la vida moderna es tan poderoso que quedamos sordos y ciegos ante algo así, entonces ¿qué más estaremos perdiendo?», se pregunta el autor del reportaje. Estamos perdiendo empatía y compasión, cabría responder.

Otra gran traba a la empatía y a nuestra disponibilidad como seres humanos que nos encontramos a todas horas se encuentra en los sesgos de los que la mayoría de las veces no somos conscientes. Investigaciones como las de la profesora de Princeton Susan Fiske muestran cómo las personas tendemos a categorizar automáticamente a otras en función de dos dimensiones: por un lado, la alta o baja calidez (cuánto me gusta esta persona o qué intención tiene con relación a mí). Y, por otro lado, la alta o baja competencia (cuánto poder tiene esta persona; cuánto de hábil y capaz es). La madre Teresa, por ejemplo, es un personaje que produce alta calidez y tenía poder. Muchos políticos tienen mucho poder pero baja calidez, y lo que se asocia con ellos es miedo o rabia. La cuestión es que **dónde situemos a las personas a lo largo de estas dos dimensiones influye en nuestra capacidad de sentir empatía por ellas, humanizándolas o deshumanizándolas de forma automática.**

No se trata de abogar por tipos como Donald Trump, sino de identificar esos prejuicios, entender que incluso personajes tan antipáticos y nocivos como él sienten, padecen y se lavan los dientes por la mañana. Y, sobre todo, estar atentos a nuestra capacidad de sentir empatía por personas que van más allá de nuestra tribu.

¿Cómo ser menos manipulables, tener más control sobre nuestra atención o la dirección a la que deseamos inclinar nuestra mente? La atención plena o *mindfulness* es una herramienta clave para eso. Algunas personas la llevan de serie, como si se hubieran caído en la marmita de la atención cuando eran pequeños. A los demás nos toca trabajárnoslo mucho más.

Caminar por el filo de una navaja

El verano pasado probé por primera vez uno de esos circuitos en los que vas de árbol en árbol, como una ardilla, desplazándote con tirolinas o a lo largo de cables estrechos o maderos tambaleantes. Tengo algo de vértigo y, cuando comencé el circuito, las pasé canutas y maldije mil veces el momento en que me dejé arrastrar por los amigos a los que no se les ocurrió otra manera de distraerse una tarde tórrida de agosto. En un tramo especialmente desafiante me quedé atascada. No podía retroceder, y solo podía avanzar con gran esfuerzo. Si miraba el suelo, se me iba la cabeza. Así que me di cuenta de que concentrarme en cada respiración, como si no existiese nada más en el universo, era la única manera de hacer acopio de la suficiente concentración y equilibrio para avanzar. **Algunas enseñanzas zen se refieren a vivir el momento presente como si estuvieras caminando por el filo de una navaja;** la frasecita tomó aquí un sentido literal. Si me despistaba tan solo un instante, perdería el equilibrio y me caería (que, en el fondo, no era tan grave, pero eso todavía no lo sabía).

Unas horas después, y frente a una cerveza bien fresquita, pensé en lo genial que sería tener la capacidad de concentrar así la atención sin necesidad de estar subida a ningún árbol. Esto es lo que pretenden las prácticas contemplativas: **enseñarnos a aprovechar la capacidad natural de la mente para elegir cuándo y en qué centrarnos, y estar con nuestros pensamientos con coraje y atención.** Apreciar al violinista en la calle, y darnos cuenta de cuándo estamos siendo manipulados para que se despierte —o se adormezca— nuestra empatía. **Suele decirse que *mindfulness* y compasión son dos alas del mismo pájaro**; además de aquietar la mente, la compasión requiere que seamos capaces de prestar atención a algo consciente y deliberadamente y sostener esa atención, al menos durante un tiempo.

Blaise Pascal decía que la infelicidad del género humano se basa en una sola cosa: es incapaz de quedarse quieto en su habitación. Esta cita tan conocida siempre me ha dado un poco de repelús, quizá porque la interpreto de manera literal. ¿Quién quiere quedarse quietecito en su habitación, con lo ancho que es el mundo? Otra cosa es quedarnos quietecitos con nosotros mismos. Esto puede resultar tan difícil que, en algunos estudios en los que se deja a los participantes recluidos y sin estímulos de fuera, estos prefieren recibir descargas eléctricas a no hacer nada. En los retiros en la soledad, en la naturaleza, que organizaba un desafiante maestro de yoga que tuve años atrás, un participante prefirió dedicar el tiempo a esculpir escaleras en la dura tierra con una pequeña navaja (y dejarse las uñas por el camino) a no hacer nada y estarse tranquilito.

Estar presente y atenta es un requisito fundamental para enfrentarte al sufrimiento. De otra forma, es posible que ni siquiera te des cuenta de que está ahí. Preferimos ignorar, por ejemplo, cómo ha llegado este filete a nuestro plato, o cómo se fabricó la camiseta que llevamos puesta. También podemos ignorar nuestro propio sufrimiento. Por eso decimos que la atención plena es también una herramienta de autocuidado. Elegir no ignorar nuestro sufrimiento significa tomar tiempo para detenernos, ofrecernos compañía y preguntarnos qué necesitamos. Decirse a uno mismo «estoy aquí para ti. ¿Qué te pasa? ¿Cómo puedo ayudarte? ¿Qué puedo hacer por ti?». Estas preguntas pueden ser revolucionarias.

La compasión es un músculo que se entrena

Si intento encender la estufa de mi casa en el campo de forma chapucera —cuando estoy pelada de frío e impaciente por calentarme— el fuego se apaga una y otra vez. Sé que al final ahorro tiempo si me tomo la molestia de colocar los elementos bien: primero papel o cartón, lo que prende más rápido; después, unas piñas y palitos pequeños. Y, sobre esto, los maderos más gruesos. De menos a más. Además, aprendí también que si dejaba la rejilla de la estufa entreabierta para que entre oxígeno, el fuego prende mucho mejor.

Podemos entrenar el músculo de la compasión de similar manera. Calentar motores con esos seres por los que tenemos una relación sin complicaciones, como un niño o una mascota. Desear a estos seres queridos que estén bien, libres de sufrimiento. Luego estás tú mismo (autocompasión), y en la siguiente zona del círculo de la compasión se sitúan las personas «neutras»: ese dependiente del bar donde tomas café por la mañana; un vecino con el que apenas has cruzado palabra; madres y padres del colegio que ves todos los días, pero que apenas conoces. ¿Qué hacemos en esas meditaciones? Simplemente, les deseamos lo mejor, y utilizamos el mantra «tal como yo». Este es un mantra poderosísimo, porque revela la humanidad compartida que nos une. Se formula así: **«Tal como yo, mi vecino de enfrente sufre, y quiere estar libre del sufrimiento». «Tal como yo, el camarero del bar desea estar feliz y tener una vida con sentido…».**

Podemos expandir ese círculo y usar el mantra para dar un paso más e incluir a nuestros enemigos o seres difíciles. Yo me he quedado atascada en ciertas personas, pero no ha sido en balde. **Soy compasiva hacia mis limitaciones y entiendo que es un proceso vivo; el corazón tiene sus tiempos, y se va abriendo y cerrando.** También he descubierto, no sin dolor, que algunas de estas personas son portadoras de características que rechazo con todas mis fuerzas porque yo también, en alguna medida, las poseo. Ellas me recuerdan lo que me disgusta de mí, lo reflejan. Por eso se dice que tus enemigos pueden ser tus maestros.

En última instancia podemos llevar el mantra «tal como yo» a todos los seres: los que nacen en este instante y los que profieren su último suspiro. El vecino de al lado y el que vive en el otro lado del mundo. Los magnates y los desarrapados. Y también los animales. Lo expresa bellamente el poeta Danusha Laméris:

> Nada quiere sufrir. No el viento mientras se araña contra el acantilado. No el acantilado, siendo erosionado, lentamente, por el mar. La tierra no quiere sufrir el áspero pisoteo de aquellos que no la perciben [...] Los árboles no quieren sufrir el hacha, ni ver a sus hermanas taladas por sus raíces podridas, con moho, oxidadas. [...] Ni el gusano, feliz en su mundo, sin ventanas de tierra y piedra. Ni la piedra, descansando en el lecho de su río [...].

¿Te abruma la idea de desear el bien a todos los seres? Te cuento que yo no soy, precisamente, la madre Teresa. Pero sé un par de cosas: que este es el camino a seguir, y que, según observan las tradiciones contemplativas más importantes, una persona puede aprender a ampliar la preocupación empática hasta abarcar incluso los propios adversarios a través del cultivo deliberado. Es decir: **la compasión es un músculo que se entrena.** Como dice Mary Oliver: «¿Cuántos caminos siguió San Agustín antes de convertirse en San Agustín? Las cosas llevan tiempo, no te preocupes».

Y otra cosa: también confieso que esta aventura la inicié por egoísmo. La compasión es buena para ti porque **puede**

ayudarte a sentirte mejor y organizar tu mente de modo que sea más proclive hacia la felicidad. También es buena para los otros, y que sea bueno para los demás significa, en esencia, que vivirás en un mundo más feliz. El Dalai Lama lo expresa así:

> Los seres humanos somos animales sociales y debemos vivir juntos nos guste o no [...]. Incluso si decidimos ser egoístas, debemos ser sabiamente egoístas, entendiendo que nuestra subsistencia personal y nuestra felicidad dependen de otros. Por tanto, la bondad y la compasión hacia los demás son esenciales.

Interdependencia: el mundo en una hoja de papel

El astrofísico y divulgador científico Carl Sagan solía decir que, si queremos cocinar una tarta de manzana desde el principio, primero tendremos que inventar todo el universo: cada uno de los ingredientes nos remitirá a la tierra, a la luz solar, a las estrellas, etc. Así que en la tarta de manzana estaría toda la historia del universo.

De la misma manera, el maestro zen Thich Nhat Hanh habla en estos términos de una hoja de papel:

> Si eres un poeta, verás claramente que hay una nube flotando en esta hoja de papel. Sin una nube, no habría lluvia; sin lluvia no podrían crecer los árboles; y sin árboles no podríamos hacer

> papel. Esa nube es esencial para que el papel exista. Si la nube no está ahí, el papel tampoco puede existir. Así que podemos decir que la nube y el papel «interson».

«Interser», dice Nhat Hanh, es una palabra que no está todavía en el diccionario. Pero si combinamos el prefijo «inter-» con el verbo «ser», nos encontraremos con este nuevo verbo, *inter-ser*. Sin una nube no tendríamos hoja de papel, por lo que podemos decir que «interson». Y, si continuamos avanzando, encontraremos que la luz del sol está en esa hoja de papel, en el leñador que cortó el árbol, y así sucesivamente. «Mirando aún con mayor profundidad, vemos que nosotros también estamos en ella», concluye.

No solemos detenernos a pensar en estas cosas en nuestra vida cotidiana, cuando nos absorben menesteres como llevar el coche a la ITV, calificar exámenes o descifrar las facturas de la luz. Pero la idea del interser podría salvar el mundo. Detrás de la explotación insostenible de los recursos está la idea de la separación. En Occidente, al menos, nos experimentamos como una conciencia individual separada de los demás seres vivos. Salvo ocasionales campañas para salvar las ballenas o el cariño a nuestra mascota, sentimos poca compasión por todos los demás organismos y nos parece muy marciana la idea de que nuestra vida depende de factores incontrolables como la luz del sol.

La noción de interser podría transformar esta falta de conciencia ecológica. El paleontólogo canadiense Scott Sampson propone, de hecho, esta noción como «uno de los conceptos científicos cuyo conocimiento podría ser más benéfico para la humanidad»:

> ¿En qué punto tu último aliento, trago de agua, bocado de alimento dejan de ser parte del mundo externo y se vuelven tú? ¿Precisamente cuándo tus exhalaciones y excrementos dejaron dejan de ser tú? Nuestra piel es tanto membrana permeable como barrera, tanto que, como un remolino, es difícil discernir donde acaba «tú» y dónde empieza el resto del mundo [...].

Profundizar en el concepto de interdependencia es también dar un sentido mucho más profundo al mantra «tal como yo» del que hablábamos antes, puesto que evidencia que lo que le pase al otro es inseparable de lo que me ocurra a mí. Y también nos ayuda a comprender y aceptar los ciclos de la vida. Aunque cuando salgo a montar en bici fantaseo con la idea de un paseo constantemente cuesta abajo, sé que es imposible. No hay tampoco alegría sin sufrimiento, ni principio sin final.

Como periodista, adoro los reportajes que ofrecen contexto y explicaciones profundas a los conflictos y cuestiones complejas. Para investigar la industria de la carne en Estados Unidos, por ejemplo, el periodista científico Michael Pollan compró él mismo un ternero y contó su historia, desde su nacimiento hasta que se convirtió en hamburguesa. Por el camino, Pollan fue tirando del hilo y conectando muchos puntos: desde seguridad alimentaria a criaderos de animales, regulaciones gubernamentales, política o nutrición. Al final, todo está relacionado. Este reportaje dio lugar a un sinfín de artículos de seguimiento en otros medios e incluso contribuyó a que algunos, como yo misma, nos hiciéramos vegetarianos.

De dragones y princesas: valientes y vulnerables

> Haz sonar las campanas que aún puedan sonar, y olvida tu ofrenda perfecta; hay una grieta en todas las cosas. Así es como entra la luz.
>
> LEONARD COHEN

Una mañana de verano, tras una racha de varios días sin dormir apenas, a causa de una brutal ola de calor (un par de días después se desató el incendio del que hablaba en el primer capítulo, el que casi se lleva mi casa por delante), me quedé atrapada en mi mente en algo parecido a un ataque de ansiedad. Una sensación de ahogo me impedía fregar los platos del desayuno o cualquier otra tarea elemental de la casa, no digamos ya acercarme a la pantalla del ordenador. Traté de hacer un poco de yoga y ejercicios de respiración (salir a pasear no era una opción con el calor abrasador). Me di una ducha de agua fría, llamé a un amigo, lloré… pero nada funcionaba.

Mi mente estaba bloqueada en el peor momento posible:

esa misma tarde comenzaba una serie de talleres sobre autocompasión. ¿Cómo puede enseñar autocompasión alguien que se siente como un gusano? Peor todavía, como una larva de gusano. Me empleé a fondo para tratar de escapar de la situación: más duchas frías, ejercicios de respiración, lecturas, posturas de yoga. Pero no conseguía salir del bucle, como un ordenador que se reinicia continuamente. Sentía una fuerte opresión en la garganta y en el pecho y una sensación de angustia pegajosa y envolvente, como la tela de una araña, que no me dejaba respirar.

Cuando ya había agotado todas las opciones, finalmente acepté que el escenario de esta batalla era mi mente, y que no podía perder ni ganar, solo quedarme ahí, quieta y presente, tal y como había hecho en las alturas, en el recorrido de tirolinas entre los árboles. Y así, poco a poco, fue despertándose una vocecita dentro de mí con un mensaje muy claro: déjate de historias y ábrete sin reservas a tu vulnerabilidad. Acepta lo que te está pasando. Y es lo que hice: tomar en brazos mi sufrimiento como si fuese un bebé. O, como dice la conocida canción de Leonard Cohen, permitir que entrase la luz. Poco a poco fui volviendo a mi centro, a recuperar la sensación de control y normalidad.

No me atrevería a decir que he aprendido la lección porque sé que tengo mucho que aprender en lo que se refiere a dejar ir. Pero este pase veraniego por el tren de la bruja me dejó claro que mis monstruos y yo somos la misma cosa, y que más me vale abrazarlos en lugar de asustarme y tratar de deshacerme de ellos. Rilke lo expresa de una manera bellísima:

> ¿Cómo podríamos olvidar esos antiguos mitos que están en el origen de todas las razas, los mitos sobre dragones que en el último momento se transforman en princesas? Tal vez todos los dragones de nuestra vida sean princesas que solo esperan vernos actuar, por una vez, con belleza y valor. Quizá todo lo que nos asusta es, en su esencia más profunda, algo indefenso que quiere nuestro amor [...].

Esos mitos antiguos apuntan a que todo está dentro de nosotros: estar asustado y lo que te asusta dependen el uno del otro, no son entidades separadas. Si te atreves a mirarlo, el monstruo que se esconde debajo de tu cama deja de existir; si de repente se encendiesen las luces del tren de la bruja, verías que los bichos terroríficos no son más que muñecos de plástico o actores burdamente disfrazados. La ansiedad y el miedo —o la emoción incómoda de turno— tienen cosas importantes que decirnos; surgen de una necesidad a la que no hemos atendido y pueden ser una llamada de atención para proteger y mejorar nuestra vida de la manera más profunda.

¿Y por qué adentrarnos en las dificultades, dirás? Cuanto más lejos mejor, ¿no? Rilke, de nuevo: «¿Y si organizamos nuestra vida de acuerdo con el principio que nos dice que debemos confiar siempre en lo difícil? Entonces lo que ahora nos parece lo más ajeno se convertirá en nuestra experiencia más íntima y confiable».

Y otra (poderosa) razón más: nada de esto es voluntario. Al final, lo difícil siempre llega. Otra cosa es que se convierta en un lugar para aprender.

En las enseñanzas zen, tan dadas a lo contraintuitivo, se suele decir que **el obstáculo es el camino.** Si prestamos atención, podemos ver que **las dificultades presentan el caldo de cultivo ideal para mostrarnos lo que necesitamos:** ¿qué hemos de soltar, o ver de otra manera? Jon Kabat-Zinn, uno de los principales difusores de la atención plena en Occidente, a quien tuve la suerte de entrevistar hace unos años, usa la analogía de las artes marciales y dice que se trata de transformar la energía del oponente, dar la vuelta a esa dificultad y utilizarla como un terreno fértil para aprender en lugar de crear todavía mayor sufrimiento en torno a ella.

Pero este trabajo de identificar y reconocer los monstruos no puede hacerse con el corazón cerrado. Por eso necesitamos prácticas como la compasión y autocompasión, que se convierten en puertas hacia la libertad.

Ideas clave e indagación

- Dejar que se aprovechen de ti, dar a otros lo que piden aunque no les haga bien, es compasión idiota.
- La compasión es muy diferente a la pena, lástima o piedad, que asumen una posición de superioridad hacia el que sufre; la compasión, por el contrario, adopta una posición de igual a igual. Tampoco es buenismo, ni es para débiles o «blanditos». Es una de las declaraciones de fortaleza y coraje más importantes entre los seres humanos.
- La empatía, muy fácil de manipular, no equivale a la compasión, y puede ser mala guía para la conducta moral.

- La atención plena o *mindfulness* es una herramienta clave para ser menos manipulables y tener más control sobre nuestra atención. Es también fundamental para enfrentarte al sufrimiento. Suele decirse que atención plena y compasión son las dos alas del mismo pájaro.
- La compasión es un músculo que se entrena. Podemos comenzar por una persona fácil, como un niño, y desde ahí continuar hacia ti mismo, las personas neutras (aquellas a las que apenas conoces), las personas difíciles y todos los seres.
- El mantra «tal como yo» es muy útil para cultivar la compasión: «Tal como yo, mi hijo sufre, y quiere estar libre del sufrimiento». «Tal como yo, mi compañero de trabajo desea estar feliz y tener una vida con sentido...».
- Profundizar en el concepto de interdependencia —todo está relacionado entre sí— es también dar un sentido mucho más profundo al mantra «tal como yo»: lo que le ocurre al otro es inseparable de lo que me pase a mí.
- Abrirse a la vulnerabilidad implica entender que la ansiedad, el miedo u otras emociones incómodas tienen cosas importantes que decirnos. Surgen de una necesidad a la que no hemos atendido y pueden ser una llamada de atención para proteger y mejorar nuestra vida de manera más profunda.

Indagación: ¿qué entiendes tú por compasión?

3.
La amabilidad de los extraños es buena para la salud

> La amabilidad de los extraños, como el tiempo mismo, al final es lo que cura nuestras heridas.
>
> YIYUN LI

Estaba yo cómodamente instalada en mi asiento, lista para disfrutar de la siesta de dos horas y pico —lo que tarda un vuelo Madrid-Frankfurt—, cuando el tipo sentado a mi lado, un hombre joven de cabello castaño sobre los hombros, vestido con vaqueros y camisa blanca, se puso a charlar animadamente de esto y lo otro. Qué pesado —pensé—. Y sería una anécdota de lo más vulgar si no fuera porque el hombre que no me dejó dormir en aquel viaje de trabajo, más de veinte años atrás, es hoy mi pareja.

Así que nuestras dos hijas y la vida en común de estas dos últimas décadas son fruto de una larga serie de eventos y casualidades —entre otras muchas, la cancelación de un vuelo anterior— que culminaron en este encuentro en el aire un día de verano. La vida puede ser así de misteriosa cuando permitimos que las cosas fluyan.

Reconozco que este desenlace no es la norma, pero lo comparto aquí para ilustrar la tesis de los científicos que documentan las bondades de hablar con los extraños. Curioso cómo algo que todos hemos experimentado muchas veces en la vida no toma cuerpo hasta que no se convierte en objeto de estudio de investigadores de Harvard o Princeton que establecen conclusiones que intuíamos de antemano.

El caso es que antes me refería a las personas «neutras», que son aquellas que apenas conocemos (el vecino con el que apenas he cruzado cuatro palabras, el dependiente del bar o, en este caso, el compañero de asiento del avión), y también a la posibilidad de ampliar el círculo de la compasión desde las personas más cercanas a nosotros hasta todos los seres sintientes. La varita mágica de la amabilidad y la compasión nos permite transmutar ese elemento neutro en otra cosa. Es una suerte de alquimia que descuidamos en gran medida en la vida cotidiana, quizá porque no somos conscientes del bien que nos hace.

Cuanto más cercanos, más gruñones

Los científicos sociales Nicholas Epley y Juliana Schroeder se acercaron a los usuarios del servicio de transporte público de Chicago (Estados Unidos) y les propusieron, a cambio de un modesto vale-regalo intercambiable en una cadena de cafeterías, participar en un experimento durante su viaje. A un grupo se le pidió que conversase con la persona sentada en el asiento contiguo. Al otro, que mantuviese el comportamiento habitual de desentenderse del mundo más allá del móvil. Los del primer grupo vivieron, según explicaron después, una experiencia bastante más agradable.

Si te da cosa hablar con un extraño, no eres la única. Cuando Epley y Schroeder preguntaron a otras personas cómo creían que se iban a sentir después de establecer contacto con el de al lado, los viajeros pensaron que su viaje sería más placentero si se quedaban calladitos y a sus cosas. La mayoría de la gente pensó que sería difícil comenzar una conversación, y supusieron que nadie querría hablar con ellos. Pero la realidad fue que ninguno de los participantes sufrió ningún desaire. Y las charlas resultaron, según dijeron después, agradables.

Los desplazamientos diarios para ir al trabajo están entre las actividades cotidianas a las que asociamos menos emociones positivas, según prueban los estudios. Pero no tendría por qué ser así. La cuestión es que si te enchufas al WhatsApp en lugar de charlar con el vecino, pierdes una oportunidad de conectarte (y quizá de algo más).

Cuando hablamos con extraños tendemos a mostrar nuestra cara más amable; somos mucho más gruñones con los seres queridos. El error es que asumimos que nuestro bienestar depende únicamente de las relaciones más estrechas, y no de los personajes secundarios en nuestra vida cotidiana. Y, sin embargo, las interacciones con estas personas influyen tanto en nuestra felicidad, argumentan estos científicos, como las que mantenemos con las personas con que compartimos la vida.

Incluso la más leve conversación puede marcar una diferencia y alegrarnos el día. Esto es, además, contagioso. Cuando una persona toma la iniciativa de hablar con otra en una sala de espera, dicen estos investigadores, ambas personas tienen una experiencia más positiva. Lejos de sentirse molestos, también así se mejora el bienestar de los extraños. A menudo tememos que el hecho de hablar con extraños nos haga perder tiempo para nosotros; sin embargo, la ganancia supera con creces las pérdidas. Estas investigaciones se han replicado en experimentos en otros contextos, más allá del transporte público, con resultados similares. Aunque cada vez se interpone en mayor medida el teléfono móvil, que tiene un elevadísimo costo para nuestro bienestar y sentido de pertenencia.

La revista *Time* dedicaba un número de 2022 al altruismo. El titular de portada —«¿Quieres hacer más bien?»— hace referencia al libro del filósofo escocés William MacAskill, que propone impulsar el movimiento bautizado como «altruismo efectivo». Tanto en los grandes proyectos de multinacionales como en el día a día del común de los mortales, con pequeños gestos como abrir la puerta, se trata de ser diligente en procurar el bien ajeno, aun a costa del propio. Todos salimos ganando.

El altruismo está muy enraizado en la base del bienestar humano y que esté de moda es una noticia maravillosa.

Algo tan sencillo como tomar conciencia del impacto que un desconocido puede tener en nuestra vida, si estamos abiertos a recibir amabilidad y compasión, puede ser revolucionario, como ilustra el relato a continuación.

La historia del revisor de tren

Un día de 1982, cuando el escritor británico Bernard Hare era un estudiante pobretón que vivía en el norte de Londres, recibió una llamada de su padre. Su madre, que estaba muy delicada de salud, estaba ingresada y los médicos no esperaban que sobreviviese la noche. «Ven a casa, hijo», le dijo el padre. De forma que acudió a la estación. El último tren a Leeds, donde vivían sus padres, había salido ya. Había otro tren que llegaba hasta Peterborough, pero perdería la conexión al tren de Leeds por veinte minutos.

«Me compré un billete a casa y me subí al tren de todas formas. Era un estudiante que subsistía con lo mínimo y no tenía dinero para un taxi, pero tenía un destornillador en el bolsillo y unas cuantas llaves maestras. Estaba tan desesperado por llegar a casa que había planeado robar un coche en Peterborough, hacer autostop, robar algo de dinero, algo, cualquier cosa. Sabía por el tono de voz de mi padre que mi madre iba a morir esa noche y tenía que llegar a casa a toda costa».

«“Billetes, por favor”, oí decir mientras miraba la oscuridad tras los cristales. Busqué mi billete y se lo di al revisor cuando se acercó. Lo selló, pero justo entonces se quedó ahí parado, mirándome. Había estado llorando, tenía los ojos rojos y seguramente tenía cara de asustado. "¿Estás bien?", preguntó. "Por supuesto que estoy bien —respondí—. ¿Por qué no iba a estarlo? ¿Y a ti qué te importa, en todo caso?". "No tienes buen aspecto. ¿Puedo hacer algo para ayudarte?". "Puedes largarte y ocuparte de tus asuntos —respondí—. Eso sería una gran ayuda"».

«No tenía ningunas ganas de conversar. Era un tipo pequeño, y él debió de leer las señales de peligro en mi lenguaje corporal y tono de voz. Pero de todos modos se sentó enfrente y continuó hablándome. "Si hay un problema, estoy aquí para ayudarte. Para eso me pagan", dijo».

Hare era un tipo grande, así que se planteó enviarle, físicamente, a la porra. Sin embargo, no parecía lo apropiado. El revisor no estaba haciendo nada malo. Y él estaba atravesando todas las etapas de la pena al mismo tiempo: negación, rabia, culpabilidad; todo menos la aceptación. Se dio cuenta de que era una olla exprés de emociones a punto de estallar y el revisor se había colocado en su línea de tiro. Así que decidió contarle su historia.

«"Mira, mi madre está en el hospital, muriéndose. No sobrevivirá la noche. Yo voy a perder la conexión de Leeds hacia Peterborough, y no estoy seguro de cómo voy a poder llegar a casa. Es esta noche o nunca. No tendré otra oportunidad. Estoy enfadado. No me apetece hablar, así que te agradezco que me dejes en paz. ¿De acuerdo?". "De acuerdo —dijo, levantándose finalmente—. Lo siento mucho, hijo.

Te dejo solo, entonces. Espero que llegues a casa a tiempo". Después se dio la vuelta y marchó por donde había venido. Yo continué mirando por la ventana a la oscuridad. Diez minutos después, se sentó de nuevo a mi lado. "Oh, no", pensé, "aquí viene. Esta vez realmente le voy a dar un puñetazo". Me tocó el brazo. "Escucha. Cuando lleguemos a Peterborough, corre a la Plataforma Uno tan rápido como puedas. El tren a Leeds estará allí", dijo. Me quedé mirándole asombrado. No entendí lo que quería decir. "Repite de nuevo —dije—. ¿Qué quieres decir? ¿Se ha retrasado el tren?"».

«"No, no se ha retrasado —dijo a la defensiva, como si le molestase que los trenes pudiesen retrasarse—. No. Acabo de avisar por radio a Peterborough. Van a mantener el tren en la estación para ti. Tan pronto como subas, se marcha. Todo el mundo se quejará por el retraso, pero no nos preocuparemos de ello en esta ocasión. Llegarás a casa y eso es lo principal. Buena suerte"».

Y se dio la vuelta por el vagón pidiendo billetes de nuevo.

Hare se percató entonces de lo zoquete que había sido y le persiguió por el tren.

«Quería darle todo el dinero que tenía en el bolsillo, mi permiso de conducir, las llaves, pero sabía que eso le ofendería. Finalmente, le alcancé y le agarré del brazo. Pero me faltaban las palabras. "Está bien —dijo—. No pasa nada"». Tenía una cálida sonrisa en el rostro y compasión en sus ojos. Era un hombre bueno y no quería nada a cambio».

«"Ojalá tuviera forma de recompensarte. Estoy agradecido por lo que has hecho". "No pasa nada —dijo de nuevo—.

Si tienes necesidad de agradecerme, la próxima vez que veas a alguien apurado, ayúdale. Esto me compensará de sobra. Proponle que te pague a ti de la misma manera y pronto el mundo será un lugar mejor”».

Hare estaba junto a su madre cuando murió esa madrugada.

«Mi encuentro con este hombre me transformó. De un egoísta, potencialmente violento, hedonista, en un ser humano decente, aunque llevó su tiempo».

Algunas veces podemos ser la orilla de alguien que se ahoga, como en esta historia. Cuando suprimimos nuestro sentido de la compasión, quizás estemos comprometiendo una parte importante de nosotros mismos. «La compasión es una emoción muy poderosa. **Es un barómetro moral**», dice Daryl Cameron, profesor de la Universidad de Carolina del Norte en Chapel Hill experto en el estudio de los procesos psicológicos relacionados con la empatía y la toma de decisiones.

Cameron argumenta que la compasión hacia el sufrimiento ajeno puede ser incluso el fundamento de la moralidad, y que cuando suprimes tu sentimiento de compasión hacia los demás, descuidas, también, tu propia ética o moral, porque se produce una disonancia cognitiva que tendemos a resolver recolocando nuestras creencias. Dicho de otra forma: nos justificamos. O, si usamos la dialéctica marxista: si no vives como piensas, acabarás pensando como vives.

«La insensibilidad es una herramienta para protegerme de tanto sufrimiento», dirán algunos. «No se puede ir por la vida derrochando amabilidad», dirán otros, como si fuera una tarta que solo puede compartirse entre unos pocos comensales. «Ofrezco compasión y amabilidad a quienes la merecen» es un clásico en muchas familias que únicamente miran por el bienestar de su tribu. Voy a abundar en estos y otros miedos a la compasión y amabilidad.

¿Un delincuente no merece compasión?

Hay una larga tradición en Occidente de pensar que solamente debemos sentir compasión hacia el malestar y el sufrimiento de otros si creemos que esa persona lo merece, y **reservarnos nuestra compasión para aquellos que no son responsables de su sufrimiento**. Esto es un hueso duro de roer para muchos de nosotros. Y, sin embargo, con un poco de imaginación (¡y empatía!) podremos ver que ese delincuente, por ejemplo, quizá fue un niño que sufrió abusos y abandono; que a causa de ese abandono se convirtió en un adicto en su adolescencia, y que esa falta de medios lo llevó a delinquir (y es muy posible que, a su vez, los padres de ese niño hubieran sufrido ellos mismos abusos o abandono).

Si nosotros hubiéramos nacido en esa familia y tenido esa vida, quizás habríamos hecho lo mismo. Sin entrar en el debate existencial profundo al que nos lleva esta cuestión, el punto fundamental es que quizá tengamos que ser más cuidadosos cuando hablamos en términos de «merecimiento», tanto en sentido positivo como negativo.

La resistencia a la compasión es tan natural como el surgimiento de la compasión misma. Paul Gilbert, el autor de *La mente compasiva*, fue el primero en estudiar y esquematizar los miedos a la compasión en un entorno clínico, y encontró que muchos de los pacientes que sufren de un elevado nivel de autocrítica y sensación de vergüenza también tienen una resistencia muy alta a la compasión. Gilbert identificó y sistematizó en una escala tres tipos de miedos a la compasión, con ejemplos como estos:

Sentir compasión hacia los demás: «La gente se aprovechará de mí si soy demasiado compasivo o permisivo»; «Las personas deberían ayudarse a sí mismas en lugar de esperar a recibir la ayuda de los demás»; «Hay gente en esta vida que no se merece compasión».

Recibir compasión de los demás: «Me temo que si necesito que otras personas sean amables, no lo serán»; «Temo que la gente solo es amable y compasiva si quieren algo de mí».

Miedos a la compasión hacia uno mismo: «Me temo que si soy más compasivo hacia mí mismo me haré débil»; «Temo que si comienzo a sentir compasión hacia mí misma me inundarán la tristeza y la pena».

La mayoría de nosotros podemos reconocernos en estos y otros miedos, que son naturales y entroncan con esa parte del cerebro más primitiva, muy hábil a la hora de detectar amenazas. Es importante señalar que estos temores tienen sentido en tanto en cuanto confunden la compasión con sumisión, fragilidad, debilidad o buenismo. Un error frecuente es equiparar la compasión a la condonación de acciones. Pero **perdonar a alguien no significa olvidar lo que esa persona ha hecho. El perdón es para la persona, no para sus acciones.**

A menudo, resistimos el impulso compasivo, que opera espontáneamente y que forma parte de nuestra naturaleza porque creemos que no seremos capaces de lidiar con el distrés de la otra persona, ya que la compasión supone abrirnos al sufrimiento de los demás (¡y ya tenemos suficiente estrés en nuestra vida!). «Este miedo procede de no saber qué hacer cuando nos enfrentamos a un problema que no puede solucionarse», dice Thupten Jinpa, creador del entrenamiento secular de ocho semanas para cultivar la compasión diseñado por la Universidad de Stanford en 2009. Porque muchos de nosotros estamos muy incómodos frente a problemas que no tienen solución clara. «La compasión reconoce la verdad fundamental de nuestra condición humana de que no todo el dolor se puede arreglar, y que hay un límite a lo que cada uno de nosotros puede hacer frente al sufrimiento», escribe Jinpa. Para mí ha sido muy revelador darme cuenta de que **en algunas situaciones difíciles lo que hace falta no es una solución, que quizá sea imposible de ofrecer, sino mi respuesta empática, aceptación, comprensión o solidaridad.**

Por otro lado, practicar la compasión hacia personas que no conocemos no diluye o disminuye nuestro amor o nuestra conexión con las personas que queremos, otro miedo común. Esta práctica se apoya en la idea de que, a un nivel fundamental, algo nos une con otros seres. Se trata de combatir la tendencia a la indiferencia hacia aquellos que no conocemos porque, teniendo en cuenta la interconexión de la que hablábamos antes, compartimos mucho más de lo que parece. Igualmente común es la noción de que **la compasión se agota**, una respuesta muy común que nace de esa mentalidad de escasez que muchos heredamos de nuestros mayores; esa que nos lleva a reservar la vajilla buena para las ocasiones especiales (que al final, no se presentan casi nunca). La realidad es que, bien entendida, la compasión es ilimitada. Cuanto más des, más crece. Es ese músculo que se hace más fuerte. Y no: no significa que vayas a querer igual a un cuñado que a un hijo.

Un descubrimiento importante que tuve mientras estaba inmersa en el entrenamiento en cultivo de compasión fue darme cuenta de que, **al igual que existen personas difíciles en mi vida, con toda probabilidad yo también soy una persona difícil para alguien.** Esta revelación me llevó a recordar esas veces en las que mi comportamiento fue mezquino, como cuando ocupé la habitación buena de un apartamento, en mi época de estudiante, aprovechándome de mi relación con el dueño, y desterré a Fernando, mi compañero de piso, a una caja de cerillas con humedades: mientras él se apañaba para dormir en un colchón enano en el que apenas cabía, yo me remojaba con sales de lavanda en la bañera de la estancia lujosa. Estoy segura de que, en esa época, yo era la persona difícil en la vida de Fernando.

Con esto quiero decir que hablar en términos de bueno o malo, de merecedor o no, al estilo Señor de los Anillos, con sus bellos elfos y repelentes orcos, no tiene mucho que ver con la realidad de las personas. Somos poliédricos y ofrecemos caras distintas según cuándo, quién y cómo nos miren.

En el *Vizconde demediado*, el escritor italiano Italo Calvino presenta al vizconde Medardo, hombre ni malo ni bueno, que parte en son de guerra. En su primer encuentro, es partido verticalmente por un cañonazo. Hábiles cirujanos suturan cada una de las mitades, produciendo dos seres humanos. El izquierdo es bueno y el derecho malvado. La pasión del villano es torturar, ejecutar y mandar matar. La mitad buena, por otra parte, se entromete en todo, dando consejos que solo podrían seguir santos con vocación de mártires. Pero hete aquí que las dos mitades terminan por encontrarse, se traban en duelo, y se hieren gravemente la una a la otra. Un tercer cirujano logra coserlos juntos, produciendo un nuevo vizconde, que, como el original, no es totalmente bueno ni completamente malo.

Solo excepcionalmente aparece algún santo y algún malvado; y, aun así, el santo habrá dado alguna vez un pisotón a alguien, aunque sea sin querer, y habrá quemado el fondo de algún puchero. Y es probable que el malvado le llevase flores a su madre los domingos y saludase amablemente a su panadero. La mayoría de nosotros llevamos de serie muchas semillas. Si regamos las de la guerra, terminaremos haciéndola; si regamos las de la paz, la tendremos y seremos un poco más buenos que malos. La mente aborrece los grises y busca respuestas nítidas y claras, pero la realidad no se presenta así. Somos una mezcla de muchas cosas, y menos mal.

Me gustaría saber lo que piensas de lo que le ocurrió a mi tío Jesús cuando recibió un email desde, supuestamente, Marruecos.

El timo de Marruecos

Hace unos años, mi tío Jesús fue víctima de un timo que quizá te parezca burdo, pero que en aquel momento no era tan inusual. Picó en la trampa tras recibir un email en el que una supuesta sobrina le pedía ayuda para volver a casa tras sufrir un atraco y otra serie de desventuras en Marruecos que le habían dejado sin blanca. Mi familiar hizo en ese momento la transferencia por valor de 1 500 euros que requería el correo electrónico. La cosa no quedó ahí, sin embargo. Al poco, recibió un segundo email en el que la sobrina pedía más dinero y volvió a tragarse el anzuelo.

Hasta aquel momento, nunca había sabido de nadie que hubiese hecho caso de esos correos fraudulentos que inundan las carpetas de correo; mira por dónde me tocó un caso bien cercano. Lo primero que hice cuando me contaron lo sucedido fue criticarle por su ingenuidad. Seguidamente, reconocí el acto generoso. Ahora me pregunto por qué contraponemos una y otra (ingenuidad frente a generosidad) con tanta ligereza, como si uno no pudiera ser avispado y generoso al mismo tiempo.

El caso es que, coincidencias de la vida, justo cuando ocurrió este incidente llegó a mis manos la historia protagonizada por el golfista argentino Roberto de Vicenzo, fallecido en 2017. Tras ganar un torneo, sonreír a las cámaras y recibir el cheque pertinente, Vicenzo recogió sus cosas y se preparó para marcharse a su casa. Cuando caminaba en solitario por el aparcamiento hacia su coche, se le acercó una mujer joven. La mujer le felicitó por su triunfo y, acto seguido, le contó llorosa que tenía un bebé gravemente enfermo, al borde de la muerte, y que necesitaba dinero para hacer frente a los gastos hospitalarios. De Vicenzo escuchó a la joven y se conmovió tanto que allí mismo sacó un bolígrafo y le firmó el cheque que acababa de recibir por su victoria. «Haz algo bueno para el bebé», le dijo. Y le entregó el cheque.

La semana siguiente, estaba almorzando en un club de golf cuando se aproximó a su mesa un directivo del torneo. «Me han dicho que la semana pasada te vieron charlando con una joven en el aparcamiento —dijo el directivo. De Vicenzo asintió—. Has de saber que es una farsante. No tiene ningún bebé enfermo. Te ha timado, amigo mío», señaló el directivo. «¿Quieres decir que no hay ningún bebé al borde de la muerte?», preguntó De Vicenzo. «Efectivamente», respondió el directivo. «Es lo mejor que he escuchado en toda la semana», dijo De Vicenzo.

Sobre De Vicenzo se cuentan tantas historias que es difícil asegurar la veracidad de esta. Lo que quiero resaltar es que los comportamientos amables y compasivos son una brújula que muestra el camino a seguir y, al mismo tiempo, nos ponen entre las cuerdas, obligándonos a estar presentes ante lo que hay, sin huir y sin buscar respuestas de serie. Lo que otra persona hizo antes que tú quizá no sirva en este momento. Tu respuesta ha de ser única, indiscutiblemente tuya (aunque eso pueda costarte los 3.000 euros que perdió mi tío Jesús). Ante una dificultad, puedes preguntarte: **¿cuál es la acción más compasiva que puedo tomar ahora?** Y en ese momento has de apostar, aun sabiendo que es posible que te equivoques.

La tentación es, como dice el refranero (que a menudo es la biblia de la mente primitiva y temerosa) pensar en la línea de «hombre prevenido vale por dos». Pero ¿y si lo importante fuese estar alerta hacia esos pensamientos y comportamientos que nos arrinconan, y nos convierten en la peor versión de nosotros mismos? Como dice el poeta Ángel González, «**es importante aprender a perder para no darse por vencido**».

¿De qué te arrepientes?

Yolanda era el patito feo de mi curso, en cuarto de primaria. Con el cabello sucio, la ropa desastrada y masculina (porque Yolanda tenía, entre sus desgracias, la de ser la única niña en una familia pobre de siete hermanos), las patillas de las gafas remendadas con varias vueltas de celofán, los ojos asimétricos. Siempre silenciosa, a duras penas respondía cuando le preguntaban los maestros, y mucho menos ante insultos de los niños de clase. Durante una temporada faltó al colegio, y se corrió la voz de que el padre se había suicidado tirándose a las compuertas del pantano, incapaz de hacer frente a más inclemencias económicas. Y esto pronto se convirtió en otro motivo de mofa entre los niños más crueles de la clase. Podría haberme puesto de su parte, hacer algo por ella, invitarla a formar parte de mi círculo de amigas. Pero la realidad es que la traté con indiferencia, como si no fuera conmigo.

Años después volví a encontrármela, esta vez de cajera en un supermercado. Llevaba una bata roja con mangas blancas y una chapita con el logo del establecimiento y su nombre: «Yoli». Tenía el cabello tan sucio como entonces y el mismo aspecto desastrado, pero en su rostro la timidez había dado paso al cansancio. Ya no tenía cara de susto, como de niña, sino de derrota. Podría haberme acercado para decirle algo, saludarla, pero en lugar de eso me cambié de caja, pagué y salí pitando. Me porté de forma similar a como lo había hecho a mis nueve años.

Supongo que todos tenemos alguna Yolanda en nuestra vida y supongo también que, si reflexionamos intensamente sobre esas veces en las que perdimos oportunidades de ser amables, estas personas saldrían a la línea de flotación, revelando mucho no solo sobre nuestro amor al prójimo (o falta de él), sino sobre nuestros miedos. ¿Qué fue lo que hizo que yo no saludase a Yolanda en el supermercado? ¿Vergüenza? ¿Miedo? ¿Qué es lo que nos frena a dar ese paso adelante y ser amables con los demás?

Más de sesenta mil personas de 144 países participaron en 2021 en el llamado test de la bondad diseñado por la Universidad de Sussex, en Reino Unido, con la participación de la BBC. Los participantes respondieron a preguntas sobre sus niveles de amabilidad dentro y fuera del trabajo, bienestar, personalidad, salud, sistemas de valores y más. Una de las conclusiones fue que **el principal obstáculo para llevar a cabo más actos amables no es que no nos importe, sino que nuestras acciones puedan ser malinterpretadas.** Es decir, nos frena el miedo a que la oferta de ayuda no sea bien recibida. Nos inhibimos porque nos da vergüenza que nos vean como bienhechores o, en palabras de Robin Banerjee, autor del libro *Las claves de la bondad*, que se basa en este estudio, que se nos vea como un «señalador de virtudes».

Banerjee pone como ejemplo de esto un comportamiento surgido a raíz de la pandemia de la covid-19. En lugar de considerar el uso de mascarillas en lugares concurridos como una acción amable y responsable cuando los niveles de infección son altos, se ha caracterizado en algunos sectores como un alarde de superioridad moral. El resultado es que personas que probablemente estarían dispuestas a soportar las molestias de llevar una mascarilla a veces se sienten inhibidas de hacerlo.

El segundo obstáculo más común que nos frena a la hora de ser amables es no tener tiempo, lo cual va muy en línea con la anécdota protagonizada por Joshua Bell, el famoso violinista que los viandantes del metro de Washington pasaban de largo porque iban demasiado apresurados. Ya en los años setenta, mucho antes de que la cultura digital acelerase nuestras vidas, dos psicólogos de Princeton decidieron poner a prueba la parábola del buen samaritano, la historia bíblica sobre la obligación moral de ayudar a los necesitados. Su famoso experimento mostró cómo lo que marca la diferencia, lo que insta a una persona a tomar una decisión compasiva y amable con el prójimo, tiene mucho más que ver con el hecho de que tenga prisa que con su moralidad.

La cuestión es que los actos amables no tienen que ser enormes e implicar mucho tiempo. Pequeños gestos también pueden marcar la diferencia. De hecho, en la prueba de amabilidad que mencionaba antes, las cinco formas principales en las que las personas dijeron que eran amables no eran grandes en absoluto: incluían abrir puertas, recoger cosas que se le habían caído a la gente del suelo y tener sentimientos de preocupación por las personas menos afortunadas que ellos.

El maestro de las historias cortas George Saunders dio años atrás un discurso de inauguración de curso en la Universidad de Syracuse, donde impartía clase, que me marcó profundamente y me hizo reflexionar sobre mi interacción con Yolanda. El discurso tiene, además, mucho que ver con ampliar ese círculo de la compasión, que es el tema central de este capítulo.

«Algo útil que puedes hacer con una persona mayor es preguntarle: "Mirando atrás, ¿de qué te arrepientes?" —decía Saunders en su discurso—. Así pues, ¿de qué me arrepiento? ¿De encontrarme, de vez en cuando, en la pobreza? La verdad es que no. ¿De tener trabajos horribles, como de "tirador de nudillos" en un matadero? [y no me preguntes lo que significa]. No. No me arrepiento de eso. ¿De bañarme en un río en Sumatra, un poco zumbado, y levantar la cabeza y ver cómo trescientos monos sentados en una tubería se cagan sobre el río, el mismo río en el que yo me estoy bañando, con la boca abierta, desnudo? [...] No demasiado».

Saunders se arrepiente de no haber sido amable con una niña pequeña y tímida de su curso que, cuando estaba nerviosa, tenía la costumbre de meterse un mechón de pelo en la boca y morderlo. Saunders prosigue así: «**De lo que más me arrepiento en mi vida es de las veces en que no he sido amable. Esos momentos en los que otro ser humano estaba ahí, frente a mí, y yo respondí... con prudencia. Con reservas. Con suavidad.** Es fácil de decir, quizás, y ciertamente difícil de implementar, pero yo diría: como un objetivo en la vida, trata de ser más amable [...]».

¿Por qué ser amable es más fiable que, por ejemplo, el éxito? «"Tener éxito", signifique lo que signifique para ti, es duro, y la necesidad de tenerlo constantemente se renueva a sí misma. **El éxito es como una montaña que continúa creciendo a medida que vas escalando, y existe el riesgo, muy real, de que tener éxito ocupe toda tu vida, mientras las grandes preguntas no son atendidas.** De modo que este es el consejo del final de la charla: ya que, según he dicho, tu vida va a ser un proceso gradual de convertirte en más amable y amoroso, date prisa. Acelérالo. Comienza ahora mismo —dice Saunders—. Hay una confusión en cada uno de nosotros. Una enfermedad, podría decirse: el egoísmo. Pero también hay una cura. Así que sé un buen, activo e incluso algo desesperado paciente por tu propio bien: busca las más eficientes medicinas antiegoísmo, energéticamente, para el resto de tu vida».

Saunders concluye así su discurso: «**Haz esas cosas que te inclinen hacia las grandes preguntas, y evita las cosas que te reducirían y te harían trivial.** Esa parte luminosa tuya que existe más allá de la personalidad (si quieres, tu alma) es tan brillante y resplandeciente como cualquiera que haya existido [...]. Limpia todo lo que te separa de este lugar secreto luminoso. Cree que existe, llega a conocerlo mejor, nútrelo, comparte sus frutos incansablemente».

El no es el nuevo sí: la compasión como límite

Para escuchar el tictac de un reloj de los de antes, de los de cuerda, es necesario acercárselo al oído y concentrarse, incluso si estás en un ambiente tranquilo. A mí me gustaba hacerlo en los tiempos ya prehistóricos en los que llevaba un reloj de esos, heredado de mi abuelo. Era enorme, con una correa de cuero marrón, y tenía que quitármelo para hacer ejercicio, fregar los platos o ducharme, de forma que lo iba olvidando por ahí, sin saber nunca a ciencia cierta si la hora que daba era la correcta o no. Pero ese suave tictac me llevaba a un lugar conocido y seguro que inspiraba normalidad, algo así como escuchar el burbujeo del aceite cuando tu madre cocina una tortilla de patatas.

La cosa es que la frase de Saunders —«limpia todo lo que te separa de ese lugar luminoso»— me habla de la necesidad vital que todos tenemos, pero olvidamos (cada vez más) de parar, hacer silencio y escuchar. Igual que se necesita silencio para oír el tictac del reloj, las maquinarias de la mente, y también del cuerpo y del corazón, requieren de intencionalidad y quietud. ¿Qué se está cociendo ahí dentro, ahora mismo? ¿Qué es lo que sientes? ¿Cómo está tu alma? Hace falta salir del frenesí cotidiano y dejar huecos para hacerse estas preguntas sin las cuales difícilmente podremos acercarnos a ese lugar luminoso. El poema de Martha Postlethwaite lo expresa muy bien: «No intentes salvar el mundo entero o hacer algo grandioso. En su lugar, crea un claro en el denso bosque de tu vida y espera allí pacientemente, hasta que la canción que solo tú puedes cantar caiga en tus manos abiertas y la reconozcas y saludes. Solo entonces sabrás cómo entregarte a este mundo tan digno de ser rescatado».

Así que este es el momento de hablar de los límites, ya que lejos de ser una criatura celestial, soy una mujer —como tú, supongo— con compromisos laborales, sociales y familiares, que comparte vida con un móvil cargado de notificaciones de varias redes sociales que intento mantener a raya con desigual éxito. Concibo los límites como esa guadaña que nos ayuda a cortar la hierba que crece demasiado alto, en ese denso bosque de la vida al que alude Postlethwaite, y no nos deja ver alrededor, ni mucho menos avanzar hacia ese lugar luminoso que quizás incluya cosas grandiosas, pero, sobre todo, abrir puertas, ser amable con los extraños y reconocer compasivamente a las Yolis de la vida.

Una idea muy común, que quizás hayamos heredado de

una generación de madres sufridoras y abnegadas, es que los límites son egoístas, que tienen algo de perverso. La realidad, desde mi punto de vista, es que el no es un animal muy compasivo. Si eres como yo, y te encuentras a menudo ahogándote en un mar de síes pegajosos como la resina, es fundamental aprender a decir no. El no necesita tiempo para construirse. **El no se hace fuerte y, a su sombra, crecen fértiles esos proyectos que necesitan de espacio, y también esos actos compasivos y actitud amorosa que quizá nos ayuden a vislumbrar ese lugar luminoso dentro de nosotros.**

«El no es el nuevo sí», dice el titular de un reportaje del influyente *Financial Times* que se refiere a la creciente necesidad de poner límites y cita, para apoyar esta tesis, la cantidad de libros con esta temática en el mercado (*El poder del no* o *Cómo decir no sin sentirse culpable,* por citar dos de ellos).

El mundo va muy rápido. Dondequiera que miremos, las fronteras que nos ayudaban a ordenar nuestra vida se han derrumbado debido a la tecnología digital y, con ello, muchas líneas psicológicas se han evaporado también. Así que nos encontramos inundados por los síes; tantos, que es difícil distinguir lo que realmente importa. O quizá sí lo hacemos, pero se entrometen tantas voces que claman nuestra atención que es muy difícil redirigir la energía a lo que merece la pena.

Un año para vivir

Me encantan las bibliotecas públicas, y desde una de ellas he escrito buena parte de este libro. En una visita reciente durante una tarde otoñal de lluvia incesante, me encontré con un tumulto en la puerta. Bomberos, ambulancia, policía. La calle cortada y, en el centro, un paraguas con estampado de flores roto. Una mujer había sido atropellada momentos antes, cuando salía del edificio con su bolsa de la compra y sus libros prestados.

Me quedé pensando si el volumen que me llevaba a casa esa tarde no sería el mismo que había elegido la mujer. Y si, de haber llegado un rato antes, no podría haber sido yo la atropellada. Me detengo poco a pensar en cómo la muerte nos puede sorprender en cualquier momento, tumbándonos instantáneamente a nosotros y a todas esas preocupaciones que parecen importantes hasta que quedan desperdigadas en medio de la calle, empapadas por la lluvia, como un paraguas roto. Sócrates decía que deberíamos estar siempre «ocupados en la práctica de morir, para saber apreciar la vida». Siglos después, el poeta y maestro espiritual estadounidense Stephen Levine se basó en una premisa similar en su clásico *Un año para vivir*. Este libro dio origen a un montón de grupos de personas que, como el autor, se propusieron vivir retiros de un año como si fuese el último. «La influencia más profunda —señalaba Levine—, **fue un incremento en el coraje**».

Las palabras de Levine, una de las figuras más destacadas

a la hora de traer las enseñanzas del budismo theravada a Occidente, me parecen muy apropiadas para acometer esa búsqueda de lugares luminosos: «Cuando sabemos que ya nada podrá herirnos más, que vamos a morir, nos sentimos seguros. ¿Por qué? Aparece entonces un lugar dentro de nosotros que nos permite ver lo que nos retiene, lo que nos impide vivir a fondo», señala. Levine dijo que durante ese año quería «completar su nacimiento». Y lo explica así: «**La mayoría de la gente vive con un pie en el útero, sin terminar de salir del todo. Completar nuestro nacimiento es un proceso para centrarse completamente, poner los pies en el suelo.** Es tomar responsabilidad por haber nacido».

Al final de la larga entrevista de donde están tomadas estas frases le preguntan si tiene algo más que añadir. A lo que responde: «**Aprendí en este año que el amor es el único acto racional de una vida. Todo lo demás palidece en comparación**».

Ideas clave e indagación

- Cuando nos relacionamos con extraños, tendemos a mostrar nuestra cara más amable. Nos equivocamos al asumir que nuestro bienestar depende únicamente de las relaciones más estrechas.
- La compasión hacia el sufrimiento ajeno puede ser el fundamento de la moralidad. Cuando suprimes tu sentimiento de compasión hacia los demás, descuidas, también, tu propia ética o moral.

- La resistencia a la compasión es tan natural como el surgimiento de la compasión misma. Un error frecuente es equiparar la compasión a la condonación de acciones. Perdonar a alguien no significa olvidar lo que esa persona ha hecho: el perdón es para la persona, no para sus acciones.
- ¿Quién merece compasión? Una reflexión profunda revela que hay que ser cuidadosos en términos de merecimiento.
- Practicar la compasión hacia personas que no conocemos no diluye nuestro amor por las que queremos. La compasión no es algo que se agote.
- El primer obstáculo para llevar a cabo más actos amables es el miedo a que la oferta de ayuda no sea bien recibida. El segundo obstáculo es la prisa.
- En algunas ocasiones, poner límites puede ser lo más compasivo.

Indagación: ante una dificultad, puedes preguntarte, ¿cuál es la acción más compasiva que puedo tomar en este momento?

4.
De qué hablamos cuando hablamos de autocompasión

> «¿Qué querrás ser?», me preguntó la maestra. Yo estaba en primer grado. La miraba sin saber qué contestar. Creía que ya era algo.
>
> TOON HERMANS

Una periodista y escritora a la que admiro mucho se lamentaba recientemente en redes sociales de lo que calificaba de la «peste de la autocompasión» que nos invade, al tiempo que animaba a la gente a «dejar de lamentarse y vivir un poco». Su post me causó perplejidad. ¿Quiere decir esto que la autocompasión nos deja postrados en la cama, conmiserándonos y sin aliento para el oficio de vivir? Como expongo a continuación, es justamente lo contrario: **la autocompasión es una fuente de energía y coraje de donde extraer ganas de salir adelante, incluso en las circunstancias más desafiantes.**

Al igual que ocurre con el concepto de compasión que, como vimos antes, está rodeado de malentendidos, es importante aclarar a qué nos referimos cuando hablamos de autocompasión.

Autoestima, autoindulgencia y otras pestes

La periodista seguramente confundía autocompasión con autoindulgencia. Sin embargo, la autocompasión nos acerca a nuestro sufrimiento, verdaderas necesidades y formas de alcanzar soluciones que no tienen que ver con quedarnos tumbados en el sofá viendo una serie tras otra de Netflix o pegarnos atracones de helado de chocolate. Ni nos hacemos más blandos ni perdemos la motivación. Las personas con más autocompasión, como prueban las investigaciones de Kristin Neff, la profesora de psicología de la Universidad de Texas que más ha estudiado la cuestión, tienen menos miedo al fracaso y más confianza en sí mismas.

¿Por qué? Entre otras cosas, porque la sensación de autovalía no está tan ligada a los factores externos, muy difíciles de controlar. **Puede que no tengas otra cosa, pero te tienes a ti misma**. Es como si, exagerando un poco, en lugar de beberte el brebaje que te hace invencible —a la espera de que el druida Panoramix tenga a mano la mandrágora y demás hierbas mágicas y el caldero para prepararlas—, te hubieras bañado en él, como Obélix.

La autocompasión suele confundirse con la autoestima, y eso sí que es un error. **El problema no es tener una alta autoestima, sino lo que haces para obtenerla.** Como la alta autoestima suele ser contingente a nuestro desempeño y éxitos en aquellas esferas de la vida que nos parecen importantes, lo que con frecuencia hacemos para obtenerla es sentirnos especiales y por encima de los demás. Y cuando fracasamos —lo que, salvo que seas un cíborg, inevitablemente ocurrirá—, la autoestima tiene la manía de abandonarnos. ¡Justo cuando más la necesitamos! La autocompasión, en cambio, está menos ligada a las condiciones externas y, por lo tanto, es mucho más estable a lo largo del tiempo. La autocompasión puede contribuir a incrementar la autoestima, pero no depende de ella. Me gusta pensar en la autocompasión como si fuera el sol, grande y brillante, y en la autoestima como si se tratara de una luna pequeña, huidiza y caprichosa.

La autoestima de estilo perfeccionista que muchos padecemos va ligada a la autoevaluación. A veces me refiero a ella como la arpía interior, y para facilitar las cosas hasta le he puesto un nombre: Margarita. Margarita tiene varios mantras, y todos apuntan a lo mismo: no es suficiente. Lo has hecho mal. Fulanita o menganito lo hacen mejor que tú.

El budismo tibetano se refiere a este tipo de autoestima perfeccionista con estas palabras: «Envidia hacia los que están arriba, competitividad hacia los que están igual y desdén hacia los de abajo». No es bonito reconocerse en esta frase. Pero si te criaste con ella, tomar conciencia y contemplar el contenido tan ruin como humano —y muy de moda, además, cortesía de las redes sociales— que encierra esa frase es un indispensable primer paso para hacer frente a este hueso tan duro de roer.

Los psicólogos se refieren a un buen número de sesgos mentales para tratar de distorsionar, justificar o controlar la tendencia tan extendida a compararse con los demás (erróneamente, en la mayoría de los casos). Mi favorita es el efecto Lago Wobegon, que toma el nombre de un lugar imaginario de un delicioso programa de humor de la radio pública de Estados Unidos (que, desafortunadamente, dejó de emitirse hace unos años) donde todas las mujeres son fuertes, todos los hombres son guapos y todos los niños son más listos que la media.

Curioso es también el llamado efecto Dunning-Kruger, que asegura que la competencia real que tenemos sobre cualquier actividad o dominio es inversamente proporcional a la competencia percibida. Lo que significa que la gente que tiene una gran habilidad en algo tiende a infravalorar esta habilidad, mientras que aquellos con menos habilidad la sobreestiman. Quizá te suene de algo.

El caso es que **detrás de ese impulso de querer ser mejor que los demás hay, entre otras cosas, un desdén hacia lo que ya somos.** Cosa milagrosa, si lo piensas. Una metáfora budista muy bella equipara las probabilidades de nacer, encarnado en un ser humano único, con las de que una tortuga ciega que vive en las profundidades del océano introduzca su cabeza en un yugo de madera que flota por los mares cuando sube a respirar una vez cada cien años.

En su reciente libro *El regalo extraordinario de ser ordinario: encontrar felicidad justo donde estás,* el profesor de psicología Ronald Siegel lo expresa de forma más prosaica:

«La asunción de que podemos encontrar felicidad duradera, siendo más exitosos que los demás, atractivos, inteligentes, en mejor forma física o moralmente irreprochables está tan entretejida en nuestra cultura y nuestra biología que pocos de nosotros notamos que esto no es verdad».

La autoestima se nutre de la autoevaluación, y nunca parece tener suficiente. Y en esto se parece mucho a la planta carnívora de la película de culto *La tienda de los horrores*, una flor de apariencia inocente, pero que se alimenta de sangre humana y siempre quiere más y más. Se trata de una tendencia, por otro lado, que en gran medida pasa desapercibida. **Buena parte de los juicios que emitimos hacia nosotros mismos se basa en comparaciones con otros o en estándares interiores que se instalaron cuando éramos pequeñitos y no hemos revisado desde entonces.**

Mi hija Lila, de ocho años, de vez en cuando hace promesas al universo para que ocurra algo muy importante para ella, pero sobre lo que no tiene ningún control. Cruza los dedos —de manos y pies, esto es muy importante— y pide por favor —y repite este «por favor» un elevado número de veces— que no llueva al día siguiente y que podamos celebrar su cumpleaños en el parque, por ejemplo. A cambio hace promesas de las que se olvida a los cinco minutos.

Yo hago pactos que se parecen bastante a los de mi pequeña Lila. En uno de los más sonados de mi vida, ella es, precisamente, la protagonista: atravesaba un desierto existencial y el implacable tictac de mi reloj biológico sonaba en mi oreja día y noche con demoledora precisión. Así que me hice esta promesa: si me quedo embarazada, si tengo otro hijo, seré feliz. Ya no necesitaré otra cosa. Solo eso: un hijo sano. Eso sí que me procurará felicidad, no pediré nunca nada más y me sumergiré en un plácido lugar en el que los pajaritos cantan y las nubes se levantan y nadie me escuchará, jamás, quejarme porque mi jefe es un pelmazo, hace frío o se me han quemado los garbanzos.

Los dioses hicieron su parte y me regalaron a Lila (su nombre es en cierto modo un homenaje a esta promesa, porque en sánscrito hace alusión al juego divino). ¿Cumplí yo la mía y dejé de quejarme y de pedir cosas? ¿Me quedé calladita en mi escondite existencial? La satisfacción me duró mucho más de cinco minutos, en honor a la verdad. Pero al cabo del tiempo la vida retornó a su estado natural e incompleto y volví a las quejas habituales.

Nuestras metas y objetivos en la vida tienen la manía de alejarse según nos acercamos a ellos. Cuando conseguimos ganar el bronce, entonces queremos la plata, y, después, el oro. La imagen no es metafórica, solo hace falta ver las reacciones de los deportistas de élite, llorando desconsoladamente tras sus «fracasos». **Nuestras varas de medir nos dejan con la sensación de ser permanentemente inadecuados.** El filósofo Bertrand Russell lo expresaba muy bien: «Si deseas la gloria, puedes envidiar a Napoleón, pero Napoleón envidió a César, César envidió a Alejandro, y Alejandro, me atrevo a decir, envidió a Hércules, que nunca existió».

Tanto da que ese ideal exista o no, porque no nos enfrentamos a una realidad, sino a un estado mental, como bien saben los maléficos diseñadores de las redes sociales. Después de todo, ¿cómo saber si eres listo, rico, guapo, atlético o exitoso si no es en comparación con los demás? Montesquieu lo llevaba todavía más lejos cuando decía que si solo quisiéramos ser felices, sería fácil; pero **queremos ser más felices que los demás,** y esto es casi siempre imposible, ya que los creemos más felices de lo que son.

Tenemos, además, la manía de comparar nuestro interior (ese estado mental que desea más y más) con un exterior del que no conocemos casi nada. Si supiéramos lo que le ronda por la cabeza a esa persona con la que nos comparamos (es decir, si comparásemos nuestro interior con su interior, peras con peras en lugar de peras con manzanas), puede que nuestras ganas de ser él o ella se disolvieran.

Por otro lado, cada uno de nosotros se engancha a criterios diferentes para medir nuestra adecuación, valía o éxito. Lo que para uno es irrelevante es crucial para otro. Esto puede ayudarnos a tomarnos menos en serio.

Y, sobre todo, la autocompasión: esa apuesta por tratarte con el mismo tipo de amabilidad y cuidado con el que tratas a tus seres más queridos, y con una comprensión profunda de que, en tanto humanos, todos somos imperfectos y falibles. **Si eres capaz de inclinar la mente hacia ese deseo de apreciarte y quererte de forma independiente a lo que coseches y hagas, llegarás mucho más lejos que apoyándote en valores externos, volubles e imposibles de controlar.** Por eso, las personas con más autocompasión, como prueban las investigaciones de Kristin Neff y otros autores, tienen menos miedo del fracaso y más confianza en sí mismas. Y entonces sí, esa confianza incondicional también permitirá que suba tu autoestima. Esa peste.

Los tres componentes de la autocompasión

Mi arpía Margarita, a la que me refería antes, suele dormir por el día y trabajar por la noche. He intentado cambiarle el turno, pero es arpía de costumbres. Se despereza en medio de la oscuridad, cuando la casa duerme, se arremanga y echa mano de su látigo (forma parte de su uniforme) para despertarme y recordarme las tareas pendientes o a medio hacer. También tiene una lista de lo que haré mal en el futuro y las terribles consecuencias que esto tendrá. Es astuta: sabe que a la luz del día podría rebatir casi todos sus argumentos. Una mujer con un látigo, increpándome, ¿dónde se ha visto eso? Me burlaría de ella. Por eso se camufla entre las sombras.

Margarita detesta la pausa autocompasiva y todo lo que tiene que ver con compasión. En su opinión, es una bobada. La voz de Margarita, o comoquiera que se llame vuestra arpía interior o cualquier otra forma de sufrimiento, suele ser atronadora. **Por eso es importante que los refugios mentales que construyamos para cobijarnos frente a ella sean sencillos y fáciles de recordar.**

Este es el caso de las pausas compasivas, una simple pero gran ayuda para resituarte y ver cómo puedes echarte un cable a ti mismo en tan solo unos minutos. El modelo que propone

Neff (autora del libro *Sé amable contigo mismo. El arte de la compasión hacia uno mismo*), **se compone de tres partes: *mindfulness*, humanidad compartida y bondad amorosa.**

El primer componente, *mindfulness*, del que ya hablamos antes, es la habilidad para mantener las experiencias dolorosas en tu conciencia, en lugar de sobreidentificarte con ellas y magnificarlas, ignorarlas o tratar desesperadamente de solucionarlas. Algo tan simple como decirte a ti mismo «este es un momento doloroso» puede marcar una diferencia. Significa que estás tomando conciencia de lo que ocurre, y dando un primer paso para observarlo desde fuera. En medio de la noche, como bien sabrán otros insomnes, tomar conciencia es crucial, porque el mundo adquiere unas dimensiones de catástrofe; es un paisaje en blanco y negro en el que muchos colocamos los pies al borde del precipicio. Esto es aplicable a cualquier momento de sufrimiento; la vida no nos priva de ellos.

Otras frases que pueden ayudarte a tomar conciencia de lo que está pasando son: «esto duele», «esto es duro».

El segundo componente es la humanidad compartida: cómo percibimos nuestros problemas en tanto que humanos falibles. Somos muy poco originales para sufrir. Aunque la expresión de nuestro malestar tenga mil matices y sea abono fértil de las artes, todos sufrimos de forma muy parecida. En mis noches de insomnio pienso en cómo millones de personas estarán en este momento como yo, dando vueltas en la cama y agobiados, pensando en el día siguiente. Quizá, tal como yo, añadan a su malestar un toque de autocrítica si no han seguido las instrucciones para irse a la cama al pie de la letra, si tomaron una copa de vino tras la cena o no resistieron chequear su correo electrónico antes de irse a dormir. Contra eso, cabe recordarse que la vida es imperfecta, y mi mente, que no me permite desconectar cuando más lo necesito —y encima me regaña— también.

Algunas frases que pueden funcionar son: «todos luchamos en nuestras vidas», «no estoy sola».

El tercer ingrediente es la bondad hacia ti mismo, o relacionarnos con nuestras limitaciones y desafíos con aceptación, amabilidad y comprensión en lugar de con juicios negativos. Es decir, no añadir autocrítica a ese momento de dolor. Si eres de los que te dices «qué torpe soy» después de resbalarte en la acera o golpearte contra el mueble de la cocina sabrás a qué me refiero. Una de las parábolas budistas más conocidas, «La segunda flecha», se refiere precisamente a cómo afrontar el sufrimiento con más habilidad. Se dice que Buda preguntó una vez a un estudiante:

> Si una persona es alcanzada por una flecha, ¿es doloroso?
>
> Si la persona es alcanzada por una segunda flecha, ¿es aún más doloroso?
>
> En la vida no siempre podemos controlar la primera flecha. Sin embargo, esa segunda flecha es nuestra reacción a la primera y es opcional.

A mí me resulta útil preguntarme por qué flecha voy. Cuando tengo una respuesta de dolor o molestia ante una situación, me pregunto si estoy lidiando con la primera flecha de sufrimiento o he pasado ya a la segunda o incluso a la tercera. Haz la prueba la próxima vez que te ocurra algo doloroso para observar la tendencia a añadir gasolina al fuego.

«Que pueda aceptarme tal y como soy»; «que pueda perdonarme»; «que pueda darme la compasión que necesito» son frases que pueden ayudar en este sentido.

Kristin Neff desarrolló un cuestionario que puedes hacer *online* para medir estos tres componentes. Con frases del tipo «Cuando estoy deprimido, tiendo a sentir que todo el mundo es más feliz que yo» (Montesquieu no estaba tan desencaminado), o «Cuando me siento inadecuado de alguna manera, trato de recordarme a mí mismo que la mayoría de la gente comparte estos sentimientos de ineptitud».

En resumen: la autocompasión comienza por *mindfulness* y luego se propone calmarnos y consolarnos, recordando que el sufrimiento es parte de la experiencia humana compartida. Esto no debe confundirse con la lástima hacia ti misma, que te engancha a tus problemas como si fuesen únicos y especiales, y está muy lejos del narcisismo, esa «flor regada por el vacío» que decía el poeta.

Cuando percibo que estoy fuera de mí y algo no me gusta, la sugerencia es repetir las siguientes frases o una versión que se acomode a tu circunstancia:

1) Este es un momento de sufrimiento.
2) El sufrimiento forma parte de la vida.

3) Pido ser amable conmigo misma en este momento.
4) Pido darme la compasión que necesito.

El bueno, el feo y el malo: tres sistemas de regulación emocional

La pausa compasiva es una manera de estimular la «zona de calma» dentro de nosotros. En el esquema que propone Paul Gilbert, autor del libro *La mente compasiva* y uno de los principales investigadores sobre la autocompasión como herramienta terapéutica, el de calma y satisfacción, representado en color verde, es uno de los tres grandes sistemas de regulación emocional. Los otros dos son el sistema de alerta-amenaza (representado en color rojo) y el de impulso-búsqueda (en color azul). El esquema recuerda al monstruo de colores que tanto se ha popularizado en los últimos años para enseñar las emociones a los niños.

Echemos un vistazo en más detalle a cada uno de ellos:

El sistema de alerta-amenaza busca que nos mantengamos alerta ante potenciales peligros para la seguridad y la vida. Por eso, se enfoca en el control, la seguridad, la reacción de lucha-huida, la protección. Los sentimientos que lo disparan son la inseguridad, el miedo, el enfado o la amenaza. La cuestión es que algunas amenazas son reales, pero la mayoría imaginarias. Como indica la frase atribuida a Mark Twain (quizás el autor más citado de la historia, aunque probablemente solo la mitad de estas frases sean realmente suyas): «He vivido algunas cosas terribles en mi vida, la mayoría de las cuales nunca ocurrieron en realidad». Nuestro sistema de protección no distingue entre peligros reales o imaginarios, lo que quiere decir que el cuerpo se pondrá en marcha y segregará de todos modos hormonas como el cortisol o la adrenalina en respuesta al estrés, con lo que esto supone para la salud.

Margarita, la arpía, se encuentra en su salsa en esta zona. Una parte fundamental de su razón de ser es alertarme de los mil y un peligros que supone estar viva: desde la teja que puede desprenderse del tejado y aterrizar en mi cabeza hasta ese nuevo lunar en el pie que podría terminar siendo un melanoma o la amenaza de un nuevo compañero en el trabajo al que se ha contratado para hacer las mismas tareas que yo.

El sistema de búsqueda de incentivos y recursos impulsa a explorar el entorno y encontrar nuevas fuentes de estimulación. Está ahí para superar desafíos, competir y cosechar éxitos. El problema es que si está sobreestimulado vamos como el burro con las orejeras puestas: fijándonos solo en aquello que nos puede complacer. Cuando siento una energía eufórica al perseguir y anticipar algo que identifico como positivo, y esa energía me lleva a hacer cualquier cosa con tal de conseguirlo, sé que este sistema está sobreestimulado. Las redes sociales operan en gran medida inflamando este sistema. Chequeamos nuestras cuentas y perfiles porque nos dan lo que los investigadores llaman una «recompensa de proporción variable». Es decir, de vez en cuando (y puede que sea muy de vez en cuando) recibimos un email o un mensaje que es particularmente gratificante, y nos agarramos a él como clavo ardiendo como justificación, ante nosotros mismos, de por qué nos pasamos la vida pegados a la pantalla. Este es el mismo mecanismo psicológico que opera con las máquinas tragaperras. Si a tantos de nosotros nos parece tan triste la típica imagen de adicto a la máquina en el bar, ¿por qué somos tan permisivos cuando eso mismo sucede con el móvil?

La hormona que segregamos cuando este sistema está en control es la dopamina, y por eso en los últimos años en los círculos de Silicon Valley se pusieron de moda los «ayunos de dopamina», que no son otra cosa que mantenerse retirado sin atender nuevos estímulos.

Ambos sistemas son cruciales para nuestra supervivencia (la ira nos ayuda a quitarnos obstáculos de en medio y el miedo a ponernos a salvo, por ejemplo). Y, si no tuviéramos la capacidad de anticipar, nada nos haría ilusión. Pero ambas zonas tienden a estar demasiado estimuladas en el contexto social en el que vivimos.

El sistema de calma y satisfacción está, por su parte, implicado en el establecimiento de lazos sociales y vínculos de apego. A diferencia de los dos anteriores, que operan en «modo hacer», este se apoya en el «modo ser». Es el encargado de procurar calma y afiliación, autocuidado, contentamiento, conexión, seguridad en uno mismo, y su activación se relaciona con las endorfinas y la hormona oxitocina. Margarita la arpía se aburre aquí como una ostra: su *modus operandi* no es precisamente la aceptación básica que implica la activación del sistema de calma. La calma le parece una pérdida de tiempo. ¿Para qué mantenerse tranquila y en paz cuando podría estar explorando nuevos territorios, librando nuevas batallas, cosechando nuevos éxitos? Y una pizca de razón sí tiene.

En resumidas cuentas: los dos primeros sistemas mantienen sobreactivado el sistema nervioso simpático, lo que supone vivir con el acelerador puesto. El sistema de calma, mientras tanto, activa al sistema nervioso parasimpático —nuestro freno neurofisiológico—, y trata de compensar los abusos de los dos compañeros. Cada uno de estos sistemas es, en fin, susceptible de hacerse más grande gracias a la neuroplasticidad de nuestro cerebro a medida que lo estimulamos. Resulta bastante obvio cómo determinadas situaciones —e incluso personas— tienden a activar uno u otro.

Si lo observamos desde un punto de vista evolutivo, podemos darnos cuenta de hasta qué punto los pensamientos autoevaluativos (de vuelta a la autoestima) y sentimientos de adecuación o falta de ella que tanto malestar producen, están espoleados por la preocupación de nuestro cerebro con los rankings sociales y la consecución del éxito a la hora de encontrar recursos. Es decir, esta activación de los sistemas de impulso y alerta tiene todo el sentido del mundo. Pero cuanto más conscientes seamos de que se trata de nuestro primate interior en acción, más libertad tendremos para comportarnos de otra manera diferente y no seguir el dictamen básico de nuestros instintos.

Tenemos la habilidad de descomponer el átomo y es

posible escuchar el sonido de la atmósfera en Marte (búscalo en YouTube, es adictivo). Sin embargo, continuamos siendo monos motivados por instintos basados en la biología que en su momento eran cruciales para la supervivencia y la reproducción, pero que ahora nos mantienen atrapados y nos hacen sufrir. En palabras de Edward O. Wilson, uno de los biólogos más destacados de todos los tiempos: **«El verdadero problema de la humanidad es que tenemos emociones paleolíticas, instituciones medievales y tecnología de dioses».**

La imagen compasiva

Una manera muy explícita, testada por la ciencia, de activar ese sistema de calma y evocar mecanismos de cuidado es la práctica tibetana de la imagen compasiva, adaptada al mundo secular por Gilbert. **El objetivo es traer a la mente una persona sabia o una imagen que represente el ideal de cuidado y que podamos evocar cuando sea necesario.** ¿Qué cosas sabias te diría esta fuente de compasión para consolarte? **La persona o imagen es pura fantasía, pero el efecto no.**

Confieso que las visualizaciones con luces blancas y soles radiantes en el pecho no son para mí. Antes me tragaría una babosa que participar en un seminario o un retiro basado en esta propuesta. Me siento manipulada para sentir algo en concreto y el resultado es, con frecuencia, justo el contrario del deseado. Por eso la idea de la imagen compasiva inicialmente me produjo rechazo y creo que, cuando se trabaja con visualizaciones para inclinar la mente en una dirección determinada, es importante tomarse el tiempo y la paciencia para diseñarlas a tu medida y que te resulten tan naturales como sea posible.

Con su propuesta, Gilbert busca crear una imagen interna propia de la que aprender a recibir cualidades como la sabiduría, calidez, o aceptación libre de juicios. A los creyentes quizá les sirva la iconografía propia de su tradición religiosa, y quienes tengan la suerte de haber conocido a una abuela de esas de cuento, sabia y bien asentada en la tierra, pueden recurrir a ella. La imagen no tiene por qué ser antropomórfica; puede adoptar la forma de un árbol con raíces profundas, una montaña majestuosa o la inmensidad del océano. Yo a veces traigo a la mente las secuoyas gigantes de California, en cuyos bosques tuve la suerte de pasar algún tiempo. Algunas secuoyas llevan con nosotros más de cuatro mil años, y digo yo que en ese tiempo habrán aprendido algo.

No es exactamente una imagen compasiva, pero me quedé prendada de la siguiente visualización cuando la escuché, años atrás, en boca del maestro zen Thich Nath Hanh. Nath Hanh, venía a decir algo así: imagina que sales de tu cabaña una mañana —por esa época, él vivía en una humilde cabaña de madera en Plum Village, el centro de meditación que fundó en el sur de Francia—, y por descuido dejas una ventana abierta. En tu ausencia, se desata una fuerte tormenta. Cuando vuelves por la noche, empapado y aterido, te encuentras el interior de tu vivienda desordenado, mojado y desapacible. El suelo está lleno de papeles y otros objetos que el viento ha esparcido en todas direcciones. Entonces cierras bien las ventanas y enseguida preparas un buen fuego en la chimenea. Ordenas y secas tu escritorio, recoges los papeles tirados por el suelo y te preparas un té. Después te sientas frente a la chimenea, mientras sorbes tu té y entras poco a poco en calor.

Nada más fácil que dejarse abiertas las ventanas de la mente y permitir que entren todo tipo de visitantes no deseados en forma de meteduras de pata, agobios, descuidos, estrés o malestar. Pero siempre es posible volver a ti misma, o volver a casa, como diría Thay, como se le conoce cariñosamente, y comenzar de nuevo.

Las investigaciones de Gilbert, Neff y otros autores sostienen que las personas que han sufrido abusos físicos o emocionales por parte de sus padres u otros cuidadores pueden sentirse demasiado vulnerables cuando manejan la imagen compasiva y son amables consigo mismos, ya que de pequeños las mismas personas que les proporcionaban cuidados también traicionaron su confianza. Así pues, los sentimientos de cariño se mezclan con los de temor. Estas personas tienen que recorrer despacio este camino, y probablemente de la mano de alguien cuidadoso y sensible.

Pero incluso las personas que no han sufrido abusos tenemos, a menudo, miedo de ser compasivas con nosotras mismas: nos preocupa ser débiles o recibir rechazo si no usamos la autocrítica para enfrentarnos a nuestras carencias personales. Este temor a la compasión actúa como un freno a la hora de tratarse con amabilidad y multiplica la autocrítica.

«La principal razón por la que la gente no siente más compasión hacia sí misma es por miedo a convertirse en indulgentes», señala Neff. «Creen que la autocrítica los mantiene a flote. La mayoría de la gente recibe el mensaje equivocado porque nuestra cultura dice que ser duro contigo mismo es lo que tienes que hacer».

Este es, en última instancia, un freno hacia nuestro bienestar, como señalaba al hablar de la parábola de las dos flechas. **Cómo nos hablamos a nosotros mismos en la intimidad de la mente puede herir o sanar, e incluso podríamos decir que la calidad de vida depende en gran parte del grado de cordialidad de ese diálogo que comparto conmigo misma.** Muchas veces esa voz ni siquiera es nuestra. Cuando me obsesiono con el orden y la limpieza, me hablo como lo hacía mi madre cuando era adolescente (y, curiosamente, ahora me descubro usando esa misma voz para amonestar a mi hija mayor cuando deja la ducha llena de pelos).

Este diálogo más amable contigo mismo puede incluso alcanzar el pasado. En algún momento de epifanía descubrí que todo es susceptible de relatarse de nuevo con una narrativa más compasiva. Minutos después de alcanzar este celestial descubrimiento, me dirigí a mi coche aparcado en la calle y descubrí una multa de las gordas por dejarlo estacionado inadvertidamente en un carga y descarga. ¿Fui capaz de mantener mi calma zen?

Justamente el pensamiento zen viene a decir que en el límite de aquello que podemos aceptar en nosotros está la frontera de nuestra libertad. Que mientras tratemos de ocultar partes de nosotros estaremos estresados e hipervigilantes para que aquello en la sombra no se revele a sí mismo. «No me he deshecho de ninguna neurosis, pero ahora soy consciente de todas ellas», suele decir Frank Ostaseski, un maestro espiritual budista con décadas de práctica a sus espaldas e inmensas aportaciones en el campo del final de la vida y que no tiene pelos en la lengua a la hora de reconocer su vulnerabilidad.

Hace unos cuantos años circuló ampliamente la declaración titulada «Estoy bien tal como estoy», atribuida a la terapeuta estadounidense Virginia Satir, que decía cosas como estas: «Soy dueña de mis propias fantasías, de mis sueños, mis esperanzas y mis miedos. Son míos todos mis triunfos y mis éxitos, mis fallos y mis errores. Como soy dueña de todo lo que hay en mí, puedo relacionarme íntimamente conmigo misma. Al hacerlo, puedo amarme y ser amiga de todo lo que hay en mí. Entonces puedo trabajar toda yo, sin reserva, para mi mejor interés. Sé que en mí hay aspectos que no entiendo, y otros que no conozco, pero mientras me acepte y me quiera, puedo, con ánimo valiente y esperanzado, buscar las soluciones a los enigmas y las maneras de saber más cosas de mí misma».

Ideas clave e indagación

- Autocompasión no es autoestima, que se nutre de valores externos, volubles y difíciles de controlar. La autocompasión tiene que ver con el deseo de apreciarte y quererte de forma independiente a lo que coseches y hagas.

- Es común creer que la autocrítica nos mantiene a flote. Sin embargo, las personas con más autocompasión tienen menos miedo al fracaso y más confianza en sí mismas.
- La autocompasión comienza por *minduflness* y luego se propone calmarnos y consolarnos; nos recuerda que el sufrimiento es parte de la experiencia humana compartida y que no estamos solos en nuestro malestar.
- La pausa autocompasiva se compone de estos pasos:

  Este es un momento de sufrimiento.
  El sufrimiento forma parte de la vida.
  Pido ser amable conmigo misma en este momento.
  Pido darme la compasión que necesito.

- Los tres sistemas de regulación emocional son: alerta-amenaza; búsqueda de incentivos y recursos y sistema de calma-satisfacción. Los dos primeros mantienen sobreactivado el sistema nervioso simpático, lo que supone vivir con el acelerador puesto. El sistema de calma, mientras tanto, activa al sistema nervioso parasimpático.
- La imagen compasiva busca traer a la mente una persona sabia o una imagen que represente el ideal de cuidado. La persona o imagen es fantasía, pero el efecto es real.

Indagación: ¿qué te frena a la hora de ser más compasivo contigo mismo?

5. El rincón de respirar y otras herramientas para salir a flote

> Hay que salir de la isla para verla. No nos vemos si no salimos de nosotros mismos.
>
> JOSÉ SARAMAGO

Cada mañana me levanto a las cinco en punto, llueva o truene. Salgo de la cama con el pie derecho mientras recito un breve poema para comenzar el día de la forma más favorable. Mi esterilla está lista, en el cuarto de al lado, para mi práctica de yoga que incluye pranayama (ejercicios de respiración) y la recitación de mantras. Después, tras meditar durante una hora, escribo mis propósitos para el día y leo poesía sufí antes de darme una ducha con agua fría y desayunar un zumo verde con cúrcuma y semillas de chía que dejo preparado la noche anterior.

Me escama mucho cuando alguien se pavonea de sus rutinas diarias en redes sociales y se parecen a esta (que es falsa, desde luego). Aunque antes acariciaría a una araña peluda que levantarme voluntariamente a esas horas, y no digamos ya si es para ducharme con agua fría y tomar un batido de verduras, me parece fundamental dedicar tiempo, energía y disciplina a construir un refugio a la medida de cada una, que es de lo que voy a hablar en este capítulo. Me refiero a actividades, lugares o personas libres de conflictos donde recuperar fuerzas, en particular en medio de las dificultades, y escucharnos a nosotros mismos.

Tara Brach, maestra espiritual de Estados Unidos y autora de un libro titulado *Refugio verdadero*, hace énfasis en el anhelo universal para encontrar estos refugios y en la importancia de no confundir los refugios verdaderos de los falsos. ¿Cómo distinguirlos? **Los refugios falsos ofrecen una sensación temporal de confort y seguridad, pero a largo plazo crean más sufrimiento.** Algunos son muy obvios, como el alcohol o el consumo. Otros son más sutiles, como el pensamiento compulsivo, la forma más rápida y fácil de controlar el estrés. El pensamiento compulsivo nos ayuda (al menos provisionalmente) a no sentirnos impotentes; crea la ilusión de estar haciendo algo. Como dijo Descartes, pensar es una forma de reconstruir continuamente el sentido del ego, de asegurarnos que ese ego efectivamente existe. Pero la noción de que pensar compulsivamente nos ayuda es una ilusión que impide ver la naturaleza real del sufrimiento. El pensamiento compulsivo centrado alrededor de uno mismo y sus problemas (diferente al que puede conducir a un pintor a una obra maestra, o a un científico a resolver un problema, por ejemplo) es una forma de huida, de no estar verdaderamente aquí: estoy perdida en mis pensamientos.

Entiendo los refugios seguros como espacios físicos y mentales que me ayudan a frenar y crear un paréntesis para comprender mejor estos procesos; tomar conciencia, con una cierta distancia, de lo que está ocurriendo en mi vida en ese momento y seguir adelante. Comparto a continuación algunas herramientas favoritas para salir a flote.

Yoga: una historia de amor de 25 años

Enseñé mis primeras clases de yoga en la charcutería. No es que hiciéramos la postura del perro boca abajo entre jamones y chorizos; llamábamos así a una pequeña sala en el segundo piso, encima de un mercado en un barrio popular de Madrid donde se colaba un tufo carnívoro que procurábamos ocultar —malamente— con incienso y velitas perfumadas. Incluso dejando de lado la cuestión del olor, que a fecha de hoy todavía me trae el recuerdo de aquellos días, no se me ocurre un espacio más desafiante para la práctica de yoga. Con su suelo de gélidas baldosas blancas, luz escasa que entraba por ventanas diminutas y mal selladas y paredes desconchadas, este espacio ofrecía un amplio abanico de incomodidades.

Una amiga consiguió una estufa de gas de esas de

bombona naranja, y alguien trajo un pequeño altavoz para escuchar música. Pero que las clases continuasen por espacio de dos años me parece, visto en retrospectiva, milagroso. El entusiasmo que sentía por esta práctica y las ganas de compartirla me llevaron a empapelar las farolas del barrio para conseguir un número suficiente de alumnos y así pagar el alquiler de la sala y la canguro a cargo de mi hija. ¡La ilusión mueve montañas!

De la charcutería pasé a dar clase en un pequeño gimnasio exclusivo en la zona de Huertas, en el centro de Madrid, y de ahí a un estudio de yoga en el distrito de Chaoyang, una de las zonas más internacionales de Pekín, con cambiadores provistos con bañeras de hidromasaje, crema hidratante de marca y botellas de agua con o sin gas.

A lo largo del tiempo he dado clase a niños (aunque nunca ha sido lo mío) y a mayores como Manuel, un hombre de noventa y dos años, vecino de mi pueblecito, que se compró su propia esterilla para practicar en casa y se convirtió en un ejemplo de apertura y determinación (y de cómo el entusiasmo no es solo cosa de jóvenes).

Hay muchos mitos sobre yoga, para muchas personas la puerta de entrada a la espiritualidad. Después de cerca de veinticinco años de aventuras en la práctica, creo que hay tantas formas de entenderlo como practicantes, y que se puede convertir en lo que tú quieras. Seguro que puede decirse algo parecido de otras disciplinas cuando uno tiene un largo recorrido con ellas y las va haciendo suyas. **Mi esterilla es el lugar donde puedo refugiarme, allá donde esté, y también**

mi propio laboratorio que me permite hacerme preguntas importantes, sin miedo y sin tener que dar cuentas a nadie más que a mí misma. ¿Qué es lo que se está cociendo ahí dentro, cuando me siento contenta y triste a la vez? ¿Qué son estas emociones, esos pensamientos, esas paradojas que me regala la vida? ¿Cómo están afectando mis hábitos a mi salud? ¿Con quién y por qué me comparo? ¿Qué es lo que no cambia? ¿Qué es lo que de verdad me importa?

Las asanas o posturas de yoga son un molde para el autoconocimiento, para hacerse esas preguntas y encontrar respuestas que no llegan desde la mente compulsiva a la que me refería antes, sino desde el cuerpo, que siempre está en el presente. El cuerpo no rememora ni anticipa. **A través de la observación de ese paisaje exterior que son las posturas puedes recoger información importante sobre lo que está ocurriendo dentro de ti: tu tono emocional, energía, apertura de corazón.** De todo eso puede informarte la práctica de yoga si estás dispuesto a ello.

Como los patines de los niños, que se alargan según va creciendo el pie, el yoga se va adaptando a tu cuerpo. Nos acompaña cuando somos jóvenes, fuertes y ágiles, y también está ahí en el declive de esa energía y fortaleza. «El cuerpo es mi templo, y las asanas son mis oraciones», decía B. K. S. Iyengar, fundador del estilo clásico que lleva su nombre. La práctica de yoga es, por tanto, una expresión de amor al cuerpo, y también de gratitud. Es esa intención lo que lo define, y el proceso de escucha para traer a la superficie la verdad interior.

Algunas posturas que eran inaccesibles inicialmente se vuelven fáciles con el tiempo, mientras que otras marcan el límite de lo posible y ofrecen una gran resistencia. Este es un terreno muy fértil. El yoga nos enseña que, con frecuencia, los lugares donde encontramos más resistencia —diferentes para cada uno— son también aquellos donde descubrimos la mayor liberación: **el aprendizaje llega a confrontar los asuntos más problemáticos para nosotros, y salir de nuestro pequeño mundo fundamentado en gustos y aversiones. Alcanzar un espacio donde no estás, constantemente, tratando de librarte de las cosas que no te gustan y de atraer las que te agradan procura una enorme libertad.** Las posturas de yoga sirven para caminar en esa dirección porque te sacan fuera de tus hábitos, de esa forma fija de moverte, compararte, evaluar, relacionarte. La práctica de yoga también funciona como un espejo en el que reconocer nuestras tendencias a la competitividad, al control o a la pereza. Todo esto se refleja en la esterilla.

Me maravilla comprobar una y otra vez cómo el simple acto de extender la esterilla allá donde esté es con frecuencia suficiente para modificar mi punto de vista, mi predisposición para afrontar las cosas y, en última instancia, mi estado de ánimo. «Practica y todo lo demás llegará», dice una de las máximas más conocidas. Puedo hacer algo para cambiar, recoger fuerzas y transformarme que solo depende de mí. He aquí un refugio verdadero y seguro.

El santuario de las tres páginas matutinas

Poner sobre el papel, sin filtros, lo que tienes en la cabeza —desde las preocupaciones más mundanas a los grandes anhelos— tiene un potente efecto terapéutico y puede marcar un antes y un después en tu vida. A mí me ha pasado con el método de las tres páginas matutinas. Creado por la gurú de la creatividad Julia Cameron, es de una sencillez desconcertante. No se necesita apenas nada: puedes invertir en un cuaderno y bolígrafo o pluma que te gusten (mi preferencia), pero no es necesario. La versión más austera solo requiere usar tres páginas en blanco y un bolígrafo normal y corriente.

¿En qué consiste? Cada mañana, nada más levantarte (en mi caso, mientras tomo un café), escribe tres páginas, sin parar, sobre cualquier cosa que se te pase por la cabeza. Si no sabes qué escribir, escribe justamente eso. «No hay forma de hacer mal las páginas matutinas», dice Cameron, que introdujo el ejercicio en su superventas *El camino del artista*, en 1992, y lo revisó hace unos años en su librito corto *El milagro de las páginas matutinas*.

Se trata de escribir sobre lo que surja: mi nevera está vacía; deseo cambiar de trabajo; he de cortarme las uñas de los pies. El qué es irrelevante, lo que sí importa es el cómo: debe ser a mano, y tienen que ser tres caras. La mano va bastante más despacio que el pensamiento, lo que contribuye a ralentizarlo. Comienzas con banalidades, pero si continúas, puedes encontrarte con pepitas de oro dentro de ti y aprender muchísimo sobre tu incesante diálogo mental, lo que te ayudará a calmar ansiedades o resolver dilemas. Aunque lo importante es seguir adelante con el ritual, sin esperar ningún resultado en particular, y ahí reside justamente el valor de esta práctica. La escritura puede, además, dar respuesta a la necesidad de autoafirmarse con nuestra caligrafía, que es única.

Comencé con las páginas en un momento en el que me parecía que mi vida se había estancado y no sabía por dónde tirar. Un día gris y lluvioso, al dejar a mi hija en el colegio y volver a casa pisando esas hojas otoñales que crujen bajo los pies y nos recuerdan que todo pasa y todo llega, el padre de otra niña, practicante de artes marciales, me soltó una frasecita enigmática. «Todo el mundo termina por caer, lo que no sabe es para dónde», dijo, no sé si a modo de consuelo o de constatación. Al día siguiente, que era igualmente gris e igualmente lluvioso, estrené mi primer cuaderno: rojo, de tapas duras y papel sedoso. Y comencé a investigar de qué lado me había caído y posibles formas de levantarme. Las páginas no tardaron en convertirse en una especie de santuario y un refugio que todavía mantengo.

Es poderoso dejar que el papel sea testigo de los contenidos de tu mente. Siempre es más fácil ver los problemas ajenos que los propios (consejos vendo y para mí no tengo). Este es un prejuicio que incluso tiene un nombre: la paradoja de Salomón, que recibe el nombre del rey de la Biblia hebrea. La gente viajaba desde lejos para buscar una sabiduría de la que carecía en su vida personal, lo que en última instancia condujo a la caída de su reino. Como escribe Cameron, las páginas matutinas dibujan nuestro mapa interior, y reducen el impacto de estos puntos ciegos sobre nuestras propias circunstancias. «Sin ellas nuestros sueños podrían seguir siendo *terra incognita*. Las páginas nos rescatan a menudo de la desesperación y nos empujan hacia salidas con las que ni siquiera habíamos soñado».

La mente es caótica, repetitiva y le encanta quejarse de todo. Esto queda bien reflejado sobre el papel. Y, sin embargo, surgen también rayos de luz por las grietas y quedan registrados pequeños placeres que suelen permanecer sepultados por la rutina del día a día. Para mí es muy gozoso, por ejemplo, observar mientras escribo los dibujos del sol de la mañana a través de las cortinas de mi dormitorio, o el sonido del bolígrafo en contacto con el papel.

No necesitas escribir bien. De hecho, lo ideal es no tener ninguna pretensión; tratar de que tu texto alcance cualquier estándar de calidad es un obstáculo porque da alas al censor interior, que bastante protagonismo suele tomar el resto del día. Y, por supuesto, es crucial que las páginas sean completamente privadas y estén a salvo de miradas indiscretas. Cameron recomienda tirarlas y no revisitar lo que se ha escrito durante las ocho primeras semanas.

Dicho lo cual, la paradoja de esta propuesta es que, a pesar de ser intencional (necesitas reservar esos treinta minutos cada mañana, y eso no siempre es fácil) no aspira a ningún resultado en concreto, a diferencia de los propósitos tradicionales de cambio de hábitos, que suelen ser muy concretos (perder peso, hacer más ejercicio, aprender un idioma...). Quizá por eso, precisamente, sea tan efectiva. La escucha (en este caso de uno mismo) es una dama humilde pero poderosa. **Y escribir es una forma de escuchar lo que todavía no sabes, de aprender a reconocer tu propia profundidad y quién eres cuando nadie te está mirando y no hay expectativas de fuera. Como dice el poeta Rumi, la recompensa por tu escucha estará en lo que oyes.**

El rincón de respirar

> Todas las casas, sin importar su tamaño, pueden tener un rincón para respirar. Esta esquina se transforma en un espacio sagrado. No hace falta ningún mueble. Puede que un cojín o dos y quizás un altar o una mesa con flores frescas.
>
> THICH NHAT HANH

He instalado rincones de respirar en todas las casas en las que he vivido a lo largo de los años, incluso si solo iba a pasar en ellas un periodo de tiempo muy corto. Me parece tan importante contar con ese espacio que a veces lo he incorporado antes incluso de haber desempacado la maleta. Creo que este rincón puede convertirse en el ojo del huracán; ahí puedes sentarte a escribir tus páginas matutinas y recordar cuáles son tus prioridades mientras circunda el caos alrededor. Aunque no requiere ningún gasto ni sofisticación, como sugiere la cita de más arriba, yo he dedicado una pizca de tiempo a crear mi espacio y estos días utilizo un mueblito bajo muy simple con un pañuelo de seda encima sobre el que he colocado una caligrafía, velas y varias piedras, un amuleto infalible. «Las piedras no se dejan domesticar / hasta el final nos mirarán con su mirada tranquila y clarísima», dice un hermoso poema que las honra. Entre estas piedras destacaba una negra y plana y de tacto aterciopelado que descubrí en el bolso que usaba mi padre en sus viajes. Ignoro qué significaba para él, pero al tocarla siento que conecto con algo antiguo y puro.

Obviamente, no necesitamos ningún rincón para respirar, ya que lo hacemos todo el tiempo. Pero nuestro cerebro «perro», que es el que usamos para construir hábitos, se vale de rutinas y recordatorios, y estos marcadores de contexto (el cojín de meditar, la caligrafía, las piedras, lo que sea que contenga nuestro rincón) le sirven para vincularse con un refugio seguro. En palabras del maestro zen Thich Nhat Hanh: «Una vez que estás en la habitación de respirar, estás protegido de las frustraciones y enfados dentro y alrededor de ti. No hay charlas, discusiones, ni elucubraciones. Simplemente, te sientas y respiras. **Si tienes un rincón de respirar, tienes un santuario, un lugar donde siempre puedes volver a casa, volver a ti mismo y restaurar la sensación de paz**».

Quiero dar un paso más allá y referirme a un refugio que, a diferencia de los anteriores, no depende solo de nosotras mismas. Se trata de la *sangha*, que vendría a ser como un rincón de respirar grupal: **una comunidad que practica la meditación en compañía y se apoya mutuamente en el camino.** La *sangha* es uno de los tres refugios en el budismo; los otros dos son el *dharma* (el vasto conjunto de enseñanzas desarrollados en los dos mil seiscientos años transcurridos desde sus inicios), y las maestras y maestros que nos inspiran y guían.

En la tradición de budismo comprometido que inspira este libro, este factor es tan importante que se suele decir que el próximo Buda será una *sangha*, en lugar de una persona individual, ya que —siguiendo una de las metáforas más utilizadas— no llegamos al mar como gota de agua, sino en forma de río. Esta *sangha* parte de la base de que todos tenemos un Buda interior y de que **reducir el sufrimiento y caminar hacia la felicidad es una tarea compartida, no individual, que solo puede conseguirse a partir de parámetros de solidaridad y justicia social.**

Como vimos antes, somos muy poco originales a la hora de sufrir. Cuando hablas sobre tus dificultades con tu *sangha* en un espacio donde se practica la escucha profunda y se habla desde el corazón, enseguida te das cuenta de que compartimos las mismas preocupaciones en unas pocas variantes. Y los problemas siempre están ahí: se parece mucho al juego de mesa de cazar ranas de los niños: das a una rana con el martillo y se sumerge momentáneamente, solo para aparecer en otro sitio. Además, en los encuentros de la *sangha* queda muy claro que la vida nunca está resuelta, que siempre tenemos alguna preocupación que resurge constantemente tomando formas diferentes. Y a menudo puedes observar cómo tus preocupaciones son nimias en comparación con las de los demás. **Nuestro malestar se parece tanto en lo fundamental que cuando lo compartes y escuchas las dificultades de otros, puedes dudar de si es realmente tuyo.**

La *sangha* es pura humanidad compartida. «Cuando arrojamos una roca dentro de un río, la roca se hundirá —dice Nhat Hanh—. Pero si tenemos un bote, el bote puede cargar cientos de kilos de rocas sin hundirse. Lo mismo sucede con nuestra tristeza o dolor. Si tenemos un bote, podemos llevar nuestro dolor y tristeza y no nos hundiremos en ese río de sufrimiento. Y, ¿qué es ese bote? Ese bote es la energía de la atención plena y de la *sangha*».

Por otra parte, en los encuentros con la *sangha* a menudo surgen perlas de sabiduría que pueden llegar a transformar tu visión del mundo. Me pasó la primera vez que acudí a una comunidad de práctica en España, uno de esos días en los que me sentía profundamente arrepentida de haber vuelto a Madrid, después de una larga estancia en el extranjero, dejando atrás cosas valiosas que pensé que ya nunca podría recuperar. Cuando le llegó el turno para intervenir, un hombre muy mayor, de sonrisa juguetona y casi ciego (luego supe que su nombre era Gabriel) se refirió a su convencimiento de que lo mejor estaba por llegar. Si yo, que entonces tenía menos de cuarenta años, no lo veía ni remotamente así, ¿cómo podía creer eso este anciano? Gabriel siguió hablando: **«Un manzano viejo no da manzanas podridas»**, dijo.

Lo que me trae a la memoria las palabras de otra persona también mayor y sabia, la poeta uruguaya Ida Vitale, ganadora del Premio Cervantes. Uno de sus poemas dice así:

> Uno más uno, decimos. Y pensamos:
> una manzana más una manzana,
> un vaso más un vaso,
> siempre cosas iguales.
>
> Qué cambio cuando
> uno más uno sea [...]
> la esperanza de alguien
> más el sueño de otro.

La esperanza de alguien más el sueño de otro: eso es la *sangha*.

Descansar en el centro

«Solo una cosa» es una propuesta de Richard Hanson, neuropsicólogo de la Universidad de Berkeley. Se trata de llevar a cabo cada semana una práctica sencilla que nos ayude a centrarnos y sentirnos más en paz, como tomar nota al final del día de tres cosas por las que te sientes agradecido, por citar uno de los ejercicios más populares (y efectivos) de esta corriente.

Hanson basa estos ejercicios en una mezcla de neurociencia moderna, psicología positiva y prácticas contemplativas y asegura que, aunque parezcan modestas, esta y otras propuestas hacen maravillas a la hora de mejorar el humor, proteger contra el estrés e incluso elevar el sistema inmunitario. La premisa es que podemos transformar el cerebro usando conscientemente nuestra mente.

Una de las prácticas semanales propuestas por Hanson me gusta mucho por lo bien que combina con el rincón de respirar. Lleva el título «Descansar en el centro», y Hanson la propone como antídoto a esa sensación de barullo mental que sientes cuando, por ejemplo, entras en un centro comercial y te sientes arrastrada por todas esas luces brillantes, música demasiado alta y ganchos para atraer tu atención.

Hanson recuerda que, tal y como ocurre en el mundo natural, **en nuestra vida operan dos fuerzas contrarias: una de gravedad y otra de entropía. Mientras que la gravedad nos conduce al centro (al centro de nosotros mismos, esto es) la entropía nos dispersa y nos perturba.**

«Cuando estamos cobijados por esa sensación "de centro" —señala Hanson—, tenemos mayor resiliencia. También es más difícil intimidarnos con miedo o manipularnos con avaricia». Por otro lado, continúa, «cuando estamos dispersos, sufrimos más estrés. Estamos más distraídos, somos más impulsivos, tenemos mayor predisposición a entrar en conflictos con otros y hacia comportamientos compulsivos o adictivos».

¿Cómo «descansar en el centro»? Siguiendo las sensaciones internas que produce cada respiración, recuerda Hanson. Hay muchas técnicas para ello que puedes aprender rápidamente (lo difícil es luego recordar practicarlo), como estar atentos a los movimientos del diafragma, la expansión y contracción del pecho, la sutil diferencia de temperatura que se produce con la inhalación versus exhalación.

También funciona centrar la respiración en el centro de gravedad del cuerpo, que se encuentra justo debajo del ombligo. Este es el punto llamado «tan-tien» en China, o «centro de conciencia». Para los hindúes es el segundo chacra, y se describe como un vórtice de energía, mientras que para los japoneses es Hara, y designa un estado centrado y sereno. Conocer el Hara de tu propio cuerpo, dicen los japoneses, te permite mantener una actitud relajada. En este centro, argumentan, reside la memoria del cordón umbilical, el recuerdo de aquel momento cuando no hacía falta procurarse abrigo ni alimento, porque todo estaba previsto para ti. Puedes practicar con esto en cualquier momento. Y, cuanto más practiques, más naturalmente saldrá en momentos de necesidad.

Centrar la atención en el Hara, indica Hanson, tiende a activar las redes neurales a ambos lados del cerebro, las cuales proporcionan apoyo al sentimiento de estar presente pacíficamente en el momento; también reduce la activación de la red por defecto que circula a lo largo del centro y la parte superior de tu cerebro y que promueve la dispersión y tomarte las cosas demasiado personalmente. El mensaje que el cuerpo transmite es: «todo está bien ahora. Y ahora. Y ahora», lo que da como resultado el antídoto ideal contra el estrés.

«También puedes sintonizar con tus buenas intenciones —dice Hanson—, con tu propia benevolencia, compasión y amabilidad». Este conocimiento te ayuda a centrarte. «Sé consciente de los deseos que se disparan hacia el mundo, buscando esto, rechazando aquello». **En situaciones difíciles, Hanson recomienda buscar refugio —el centro, de nuevo— en las respuestas a preguntas como estas: ¿qué es realmente verdad? ¿Qué es lo que más importa? ¿Cuáles son las cosas más importantes que hacer?**

El violín de tres cuerdas

Un día de principios de mayo de 2002, cuando vivía en San Francisco, entregué temprano la crónica del día para poder llegar antes del anochecer a Abhayagiri, un monasterio en Redwood Valley, al norte de California, en la tradición del budismo Theravada de Ajahn Chah, el hombre que puso la meditación *vipassana* en el mapa occidental.

Nada más abrocharme el cinturón de seguridad comencé a arrepentirme de mi decisión. Mi congoja continuó creciendo, y mientras conducía a través de los campos de viñas de Napa y Sonoma fui repasando la lista de tareas que tendría que acometer a mi vuelta y las razones por las que habría sido mejor quedarme en casa. ¿Cómo se había fraguado esta idea? Todo había comenzado en una clase sobre filosofía oriental que estaba tomando en aquel momento, tras escuchar a la profesora hablar del centro. Sin saber apenas nada de budismo, y cero de esta tradición en particular, me había inscrito en un retiro, en un arrebato impulsivo muy poco característico en mí, que suelo masticar las decisiones hasta la extenuación.

No fue fácil dar con el monasterio, que se ubica en un inmenso bosque (curioseando su página web, he encontrado una advertencia para que los visitantes no sigan las instrucciones de Google porque no son fiables). Cuando llegué, tras extraviarme un montón de veces por pequeñas carreteras, ya era de noche y tenía los hombros y el cuello agarrotados de tensión. Una voluntaria me explicó que esa noche era especial: había luna llena y dedicarían la noche a meditar. Empezamos bien, pensé.

La minúscula cabañita en la que me alojaron tenía una cama estrecha y una pequeña mesa. Extendí el saco de dormir, puse el pijama bajo la almohada, ordené la ropa sobre la mesa y me di un paseo hasta la sala de meditación, donde una docena de personas meditaban en sus zafus. Coloqué el mío al fondo, para no molestar, y me senté obediente a practicar meditación. Al ratito me encontré inmersa en mi trance particular, en un nuevo repaso a las razones por las que no tendría que haber ido. Desmoralizada, volví a mi cabaña para descubrir que el pequeño radiador no funcionaba y que el saco que había traído era demasiado fino. De forma que pasé esa primera noche dando vueltas en el camastro, helada de frío.

Cuando por fin sonó el despertador, muy temprano en la mañana, lo habría dado todo para que la noche volviese a comenzar, como si el tiempo transcurrido hasta entonces no fuese más que una prueba. O mejor todavía: para volver a mi casa, al confort de lo conocido.

Me las apañé para sobrevivir hasta la tarde, cuando al sueño se sumó el hambre. En esta tradición, que se caracteriza por su ascetismo, los monásticos no comen nada a partir de las doce del mediodía. Y no es que la comida vegetariana, que se sirve sobre las once de la mañana, sea abundante ni saciante. Como ocurría con los monjes de antaño, que hacían su ronda mendicante, se espera que uses un único bol donde incluir todos los alimentos que vas a consumir, tanto líquidos como sólidos. No es que nada de esto me pillase de sorpresa (estaba bien advertida), pero desde la comodidad de mi casa no me había parecido un detalle tan importante. Y, sin embargo, a última hora de la tarde, cuando el estómago rugía y no era capaz de pensar en nada más que en comida, fui a rebuscar en el coche una barrita de cereales. Mordisqueándola a escondidas, con culpabilidad, llegué a la sala de meditación, donde alguien iba a dar una charla. Esta era la última actividad de la jornada y, por tanto, el último escollo entre el descanso y yo.

Tomé nota de la charla en un cuaderno que estrené para la ocasión, pero no habría hecho falta porque su contenido se me quedó grabado a fuego. Una monja de edad indefinida, a la que no había visto antes y de la que no llegué a saber el nombre, dio un discurso muy sencillo: comenzó reconociendo su cansancio tras pasar la noche sin dormir. En esto, pensé, estamos de acuerdo. Por tanto, prosiguió, había en ella un impulso natural de decirse algo del tipo de «como estoy cansada, disfrutaré del momento mañana. Mañana viviré. Mañana seré feliz. Hoy no cuenta». Sin embargo, prosiguió, al día siguiente puedo tener dolor de cabeza, encontrarme con que se ha roto la caldera y no hay agua caliente en casa, recibir una multa de tráfico. «Y así el tiempo va pasando —concluyó—. Mes tras mes, año tras año. **Y al final de mi vida me doy cuenta de que el momento perfecto estaba ahí todo el tiempo, delante de mis narices, listo para ser vivido y disfrutado**».

En mi estancia en Abhayagiri (cuyo nombre, por cierto, significa «montaña sin miedo») di deliciosos paseos por los bosques y escuché hablar por primera vez de *dukkha*, la palabra que se usa, en el idioma antiguo pali, para describir el dolor emocional que permea nuestra vida. También tuve conversaciones interesantes con los visitantes que, como yo, ocupaban las cabañas desperdigadas por el bosque. **Pero sobre todo me impactó esa primera charla sobre el hábito de desear que la vida sea diferente a lo que es, siempre a la espera de un futuro pleno que contendrá lo que le falta al presente**. Es una idea que después he escuchado muchas veces con diferentes variantes. El escritor y sacerdote Pablo d'Ors, por ejemplo, dice que **lo que pasa siempre es mejor que lo que podría haber pasado**. Ahí queda la frase.

Creo que estaba en Abhayagiri cuando por primera vez me di cuenta de la cantidad de veces que paso colgada del modo «al menos». Desde «si al menos pudiera comer ese pastel que tiene tan buena pinta, sería feliz» hasta «si al menos pudiera cambiar de trabajo, sería feliz». El modo «al menos» opera a todos los niveles, tanto si se trata de cosas insignificantes o de la máxima importancia; el estado mental es el mismo. **La cuestión es que cuando estamos en modo «al menos» (que para algunas personas es la mayor parte del tiempo) descuidamos lo que tenemos entre manos.** No es fácil salir de esta forma de estar, que en gran medida trasciende al individuo; el capitalismo se alimenta de la noción de que algo se interpone siempre entre la felicidad y el individuo (y este algo puede remediarse a través del consumo).

Unos años después del retiro en Abhayagiri escuché una historia que me trajo a la memoria el mensaje principal de aquella charla. Es un relato protagonizado nuevamente por un gran violinista: el israelí Itzhak Perlman, uno de los mejores del mundo, conocido por su interpretación del tema principal de *La lista de Schindler*.

En noviembre de 1995, Perlman tocó en el centro Lincoln de Nueva York. Enfermo de polio desde niño, Perlman se desplazaba muy lentamente, con la ayuda de muletas. Ese día de 1995, la audiencia esperó pacientemente hasta que el virtuoso completó el lento ritual que repetía siempre: cruzó a paso de tortuga el escenario, dejó las muletas en el suelo, se sentó en su silla, adoptando la postura habitual, con un pie ligeramente más adelantado que el otro, se retiró los aparatos de las piernas y se preparó para tocar.

Esta vez, sin embargo, iba a ser diferente. «Justo cuando terminó de tocar los primeros compases —escribió el crítico musical del *Houston Chronicle*—, una de las cuerdas de su violín se rompió. Escuchamos claramente cómo se rasgaba. No había dudas sobre lo que ese sonido significaba, y tampoco sobre lo que tenía que hacer». Esto es: levantarse, rehacer todo el ritual anterior y coger otro violín o colocar una nueva cuerda en el instrumento. Perlman, sin embargo, no lo hizo. Cerró los ojos unos instantes y después dio la señal al director de orquesta para que comenzase de nuevo. «Todo el mundo sabe que es imposible tocar una sinfonía con solamente tres cuerdas. Pero esa noche, Perlman se negó a aceptarlo. Tocó con tal pasión y poder, que en algunos momentos parecía que estaba obteniendo sonidos nunca antes escuchados».

Cuando terminó el concierto, el público se quedó callado, y después se levantó al unísono. Tras los aplausos, cuenta el *Chronicle*, el virtuoso se secó el sudor de la frente y, en un tono muy sosegado, dijo: **«A veces, la tarea del artista es descubrir cuánta música puede hacer con lo que tiene».**

A pesar de que la historia apareció publicada en el diario *Houston Chronicle* e incluso inspiró un libro, podría tratarse de una leyenda urbana (demasiado bonita para ser verdad). Y, sin embargo, tras investigar un poco, he dado con otros casos —si bien no tan bellos— de violinistas que siguieron adelante con sus conciertos tocando con solo tres cuerdas. Y todos sabemos de alpinistas cojos que coronan cimas porque, como Perlman en esta historia, no sabían que se trataba de algo imposible.

En el contexto en el que la escuché, no obstante, la historia no pretendía ejemplificar hasta dónde se puede llegar con el esfuerzo en medio de la adversidad. Se trataba de una charla en la tradición de Ajahn Chah sobre ecuanimidad. **La ecuanimidad se interesa por lo que sucede, sea lo que sea,**

simplemente porque está ocurriendo, y tiene la capacidad de abrazar los extremos sin perder el equilibrio. Contiene la voluntad de observar los eventos placenteros y dolorosos con la misma intensidad, las mil alegrías y las mil penas que conforman nuestra existencia. **La ecuanimidad nos lleva a comprender que la vida sucede y muchas veces no colabora con nosotros.** Noches sin dormir, multas de tráfico, calderas que se estropean. Y también seres queridos que enferman o fallecen, trabajos que se esfuman, catástrofes de todo tipo. Pero, incluso entonces, cuando solo tenemos tres cuerdas, todavía es posible hacer música.

Inhalar ansiedad, exhalar olor a tierra mojada

La mente crea el abismo y el corazón lo cruza.

NISARGADATTA

Mi padre falleció de covid-19 en solitario, tras dos semanas intubado en una unidad de cuidados intensivos, el 9 de abril de 2020, a la sazón cumpleaños de mi único hermano, una coincidencia sobre la que varias personas han ofrecido (sin yo pedírselo) interpretaciones enigmáticas con las que estoy segura mi padre no habría estado de acuerdo.

A lo largo de esos quince días, los médicos contactaban una vez al día: una llamada corta, apresurada y cada vez a una hora diferente, que mi madre recibía desbordada, con el corazón en un puño, concentrando sus energías en tomar nota de lo que escuchaba en una libreta sobre la mesilla, al lado del teléfono, para procesarlo después. «Riñón perezoso». «Hidroxicloroquina». «Estable dentro de la gravedad». Las anotaciones fueron empeorando con el transcurso del tiempo. «Sangrado alveolar». «Bajan sedación, no funciona». No había lugar, apenas, para preguntas. Eso era todo lo que los exhaustos médicos podían ofrecernos a los familiares.

Tuve la fortuna de poder pasar esos días de confinamiento en el campo, en la casa que casi se quema, donde nos trasladamos un día antes de que se decretase el estado de alarma. Todas las tardes, y a veces por la mañana también, me calzaba mis botas y salía por la parte de atrás de la casa, campo a través, para no toparme con la patrulla de la Guardia Civil que recorría el camino de tierra frente a mi casa varias veces al día.

Caminaba a paso rápido hasta alejarme lo suficiente. Entonces buscaba un lugar donde sentarme para concentrarme en mi respiración. Al exhalar, enviaba a mi padre el olor de las plantas aromáticas y de la tierra mojada tras la lluvia; el sonido de los insectos al atardecer; las hermosas puestas de sol de esas tierras, que también eran las suyas. Al inhalar, tomaba contacto con el dolor y la angustia que imaginaba que él debía sentir y, cuando esto resultaba demasiado difícil, intentaba conectar con el malestar de tantas y tantas familias que, como la mía, tenían a sus seres queridos intubados en el hospital, en soledad, sin recibir apenas información sobre su estado de salud.

Nada de esto fue suficiente para sacarlo de su abismo, pero me ayudó, y lo sigue haciendo, a no caer en el mío.

Inhalar el sufrimiento de una persona enferma, herida o con dolor y a la que deseamos ayudar, y enviar con la exhalación, a esa persona, algo que creamos que podría contribuir a liberarle de ese dolor es la esencia de la poderosa meditación de dar y recibir (*tonglen* en tibetano). ***Tonglen*, con una tradición milenaria detrás, da la vuelta a la lógica usual de escapar del sufrimiento y buscar el placer, ya que implica tomar imaginariamente sobre uno mismo el sufrimiento de los otros, y enviarles la felicidad propia.** Es, además, una forma de hacer algo cuando las circunstancias no permiten otra cosa, como en el caso de mi padre, a quien no pudimos visitarlo ni una sola vez en el hospital, ni siquiera al final. *Tonglen* produce una grieta en la coraza que añadimos al sufrimiento, y una sensación de espaciosidad y de presencia que ayuda a navegar las circunstancias más desafiantes.

Conocía esta práctica desde hacía tiempo, pero nunca la había practicado en serio, quizá porque no acababa de entenderla bien. Hay cosas que no se entienden hasta que no se experimentan. No se entiende lo que es tener un bebé de pocos días en tu pecho hasta que la criatura no está en tus brazos, por poner un ejemplo de uno de los acontecimientos más significativos de la vida. De eso hablamos mucho. **Pero en nuestro mundo existen muchas más cosas que no se experimentan hasta que no se entienden.** De la misma forma que hay belleza que no puede disfrutarse si antes no se ha hecho un hueco para ella en la imaginación, existen prácticas (como *Tonglen*) que nos permiten conectar con el mundo de otra manera a través de algo tan simple como la respiración.

Resulta difícil poner palabras a una experiencia que no es conceptual, sino encarnada. Lo que sí puedo decir es que, en medio del confinamiento más estricto de Europa, sin poder siquiera acudir al hospital, había muy poco que estuviera en mi mano, muy poco que yo pudiera hacer: solo escapar de la situación con alcohol, tranquilizantes o series de Netflix (y a veces también lo hice). «Dar y recibir» implica lo contrario. En lugar de negar o suprimir el dolor, se trata de reconocerlo y afrontarlo. Es estar profunda y completamente ahí. «Pocas prácticas contemplativas tienen la capacidad de la práctica de *Tonglen* para cultivar dos aspectos fundamentales respecto a nuestra relación con el sufrimiento: la estabilidad y fortaleza para estar con aquello que es difícil, y la confianza en la propia conexión con los recursos internos para poder enfrentar y aliviar el sufrimiento propio y ajeno», dice Gonzalo Brito, psicólogo chileno experto en compasión.

«Respira terroristas y exhala niños dormidos y campos recién segados / Respira a los caídos y exhala amistades de toda la vida intactas», dice el poema de Judyth Hill escrito tras los atentados terroristas del 11 de septiembre de 2001 e inspirado en *Tonglen*.

Si te parece una práctica intensa, estás en lo cierto. Una forma más suave de aproximarse a esta práctica es comenzar por ti misma: inhala lo que te produce dolor, exhala aquello que necesitas en este momento. Posteriormente, puedes ir ampliando ese círculo. En palabras de Pema Chödrön: **«Utiliza aquello que parece veneno como medicina. Utiliza tu propio sufrimiento como el camino hacia la compasión por todos los seres».**

Qué hacer cuando te rodean los tiburones

Imagina que estás en un bote en medio del océano. El bote hace agua y empieza a hundirse. Alrededor puedes ver las aletas de muchos tiburones. ¿Qué harías?

Mi hija Lila se inventa un montón de variantes de este acertijo que ha contado mil veces. En su inocencia, sin embargo, es un acertijo con mucha miga, y por eso lo traigo a colación. Como decía Obama, no hay como los niños para poner las cosas en perspectiva («Papá, has ganado el Nobel y es el cumpleaños de Bo [el perro de la familia]», le soltó la cría cuando supo que su padre había ganado el premio).

¡La cantidad de veces, en particular en medio de la noche, que me imagino en situaciones catastróficas! Y, sin embargo, quizá tenga más probabilidades de vivir una aventura como la del barco rodeado de tiburones que algunas de las películas que me monto en mi cabeza.

La versión para adultos del acertijo de Lila viene de la mano de Jack Kornfield, maestro espiritual y uno de los principales impulsores del budismo en Occidente, que suele contar esta anécdota de sus tiempos con su maestro Ajahn Chah, al que me refería en el apartado anterior: «Recuerdo que una vez, mientras caminaba con mi maestro, él señaló una gran roca en el campo y preguntó: "¿Es pesada esa roca?". Respondí: "Sí, por supuesto". Ajahn Chah sonrió y dijo: "No, si no la levantas"».

No levantar piedras pesadas, al igual que no imaginarse en medio del océano rodeada de tiburones, no es una práctica en sí misma, como eran las anteriores, pero me parece una idea clave para mantener una vida saludable que yo con frecuencia desatiendo. Guarda mucha relación, por otra parte, con algo central de la sabiduría tolteca, procedente de México, que indica que la base de la libertad está en no tomarse las cosas personalmente.

Hace unos años entrevisté a Miguel Ruiz Jr. (hijo del conocido maestro espiritual don Miguel Ruiz), que acudió desde México a Madrid para participar en un encuentro de crecimiento personal que resultó ser un fiasco (te voy a dejar con la intriga porque el contexto nos desviaría mucho del contenido de este libro. Baste con decir que la persona que organizó este evento, y que estafó a cientos de personas, sigue adelante con encuentros similares). El caso es que de este fiasco yo me llevé una historia. Porque a Ruiz le gusta contar historias para ilustrar sus enseñanzas, incluso cuando se siente engañado (como era el caso), y a mí lo que más me gusta en el mundo es escuchar historias:

«Hace ocho años nos invitaron a dar una conferencia a mi padre y a mí, y nos alojaron en un hotel maravilloso.

Cuando terminamos la presentación y volvimos al hotel, vimos un restaurante de aspecto muy elegante. Convinimos en descansar un rato en la habitación, cambiarnos de ropa y encontrarnos en el restaurante después. Estaba sentado en el *lobby* del hotel cuando veo que se abre el ascensor y aparece mi padre en pijama y pantuflas. Le miro atónito y me pregunta: "¿Hay algún problema?"."No, no", contesto».

Entramos en el restaurante, donde los comensales van muy bien vestidos, y toda la gente se vuelve para observar a mi padre en su pijama y pantuflas. Me siento muy avergonzado. Me pregunta, de nuevo: "¿Hay algún problema?". Y replico lo mismo. Miramos el menú y me doy cuenta de que la gente alrededor está cuchicheando. Entonces mi padre dice: "¿Me tienes tan poco respeto que crees que tienes que pagar por mis acciones?". Así me di cuenta de que me estaba tomando las cosas personalmente».

«Solamente soy responsable hasta las puntas de mis dedos. **No soy responsable de lo que haga el otro, ni puedo asumir responsabilidad por nadie más que por mí mismo. Solo yo controlo mis noes y mis síes**», me dijo Ruiz en una entrevista que nunca llegué a publicar porque habría supuesto dar publicidad al fiasco.

No hacer suposiciones es otra pieza clave de esta tradición, muy relacionada con lo anterior. Ruiz lo expresa así: «Si trazas un círculo y no llegas a cerrarlo del todo, la mente lo hará por ti. Igual pasa con un triángulo; la mente proyecta la línea que falta. Para mí una suposición es esa línea que falta en el triángulo. El problema de hacer suposiciones es que creemos algo sin saber si es cierto y actuamos basándonos en esa creencia. «**No hacer suposiciones significa tener paciencia para preguntarle a la vida qué es la verdad y no creer las historias que construye tu imaginación, porque proceden de tus heridas**».

¿Qué hay tras la puerta 237? Preguntas poderosas

> Ten paciencia con todo lo que no está resuelto en su corazón e intenta amar las preguntas mismas, como cuartos cerrados y libros escritos en un idioma muy extraño. No busques ahora las respuestas, que no se te pueden dar, porque no podrías vivirlas. Y se trata de vivirlo todo. Vive ahora las preguntas. Quizá luego, poco a poco, sin darte cuenta, un día lejano llegues a las respuestas.
>
> RAINER MARIA RILKE,
> *Cartas a un joven poeta*

Albert Camus decía que la única pregunta seria es si debes matarte o no, pero seguramente ese día se levantó de la cama con el pie equivocado. A mí me parece que hay que hacerse preguntas serias todos los días. Reivindico su poder ante tanta receta enlatada para ser feliz, y creo que las personas mostramos lo que somos por las preguntas que hacemos (o, más frecuentemente, dejamos de hacer). Las preguntas nos ponen en contacto con esa «mente de principiante» que es terreno fértil para el crecimiento y para el aprendizaje. Como dice el poema de Yehuda Amichai:

> Desde el lugar donde tenemos razón,
> las flores nunca crecerán en primavera.

¿Qué es una pregunta seria? No es por llevar la contraria a Camus, pero encuentro que muchas veces las preguntas más serias son las que hacen los niños. Años atrás, después de una inspiradora charla sobre la madre Tierra, Thich Nhat Hanh (muy activo en el movimiento ecologista) lideró una meditación caminando, como era su costumbre. Estábamos en primavera y el campo era una explosión de olores y colores. En un momento dado, se agachó para coger una caléndula. Al día siguiente, en un espacio de preguntas y respuestas, un niño de unos diez años le preguntó por esa flor. ¿Por qué la había arrancado, si pertenecía a la madre Tierra, a la que había que respetar? «Le pedí permiso primero», respondió Nhat Hanh.

Las preguntas de los niños, que ocupan un lugar importante en esta tradición, pueden ser muy profundas. ¿Cuál es el sentido de la vida? Preguntó una vez mi hija. Le contesté lo que había escuchado una vez al maestro zen, cuestionado también por un niño: **sufrir menos que tus padres**.

Descubrir cuál es la pregunta que se esconde detrás de cada situación (o delante) es todo un arte. Y podemos buscar nuestras cuestiones a la medida, aquellas que eliminan obstáculos, nos hacen crecer y abren puertas (aprovecho para aclarar que el título de este epígrafe es un guiño, quizá no del todo afortunado, pero al que no me puedo resistir, a la misteriosa habitación de la película *El resplandor*). Hacerse preguntas es estar presente ante lo que hay y abrirse a la posibilidad de cambio, de flujo. Hacerse preguntas es, por tanto, estar vivo.

Algunas preguntas favoritas que podemos plantearnos de vez en cuando son:

¿Qué se interpone entre la alegría (o la felicidad) y yo en este momento? Esta es una forma de volver al momento presente y un antídoto contra esa famosa frase de Mark Twain: «Mi vida ha estado llena de terribles desgracias, la mayoría de las cuales nunca ocurrieron». Ahora, en este momento, ¿por qué no puedo ser feliz? ¿Qué me impide ser más autocompasiva conmigo misma, estar más en contacto con mi verdadera necesidad?

¿Qué pasaría si no tuviera que demostrar nada? Aquellos de nosotros que fuimos criados con amor condicionado y educados en la creencia de que de alguna forma tenemos que sobresalir llevamos una pesada mochila encima. Vivimos de forma reactiva y pendientes de nuestras próximas acciones y decisiones. Es enormemente liberador darte cuenta de que, en el fondo, esto no es más que una construcción mental.

¿Quién se encuentra en este momento en el comité de mis «mentores imaginarios» y qué me están animando a hacer? La autora Martha Beck habla del «otro generalizado» y anima con ejercicios prácticos a que, cuando tenemos miedo de lo que pensarán otras personas ante nuestras acciones y decisiones, identifiquemos con precisión de quién se trata. Suele ser una lista muy corta, en realidad, en la que puede encontrarse —de una manera poco consciente, por eso es importante ponerlo sobre la mesa— desde tu jefe hasta tu maestra de escuela y, por supuesto, tu padre. Este comité de «mentores imaginarios» es el que secretamente te anima en contra de tus verdaderos deseos, en contra de lo que tú eres. Por satisfacer a ese ser social, a ese «otro generalizado», yo he hecho muchas tonterías. Una buena pregunta para desenmascarar a los mentores imaginarios es esta: ¿realmente amo lo que digo que amo?

El arte de preguntar y el de escuchar van de la mano y se nutren mutuamente. «La primera responsabilidad del amor es escuchar», decía el filósofo Paul Tillich. Y, efectivamente, cuesta lo suyo amar a quien no escuchas o no te escucha. La capacidad de escucharse el uno al otro es, seguramente, uno de los indicadores más importantes de la salud de cualquier relación.

Me parece bellísima la historia que escuché años atrás sobre un pueblo africano en el que la fecha de nacimiento de un niño no se produce cuando nace, ni cuando se concibe, sino cuando la madre piensa en él por primera vez. **Cuando la mujer decide que va a tener un hijo, se sienta sola debajo de un árbol y escucha largamente hasta que llega la canción del niño que va a nacer.** Entonces la mujer se la canta al padre del que será su hijo, y cuando mantienen relaciones para concebir físicamente al niño, ambos entonan esa canción. La madre enseña la canción a la comadrona y las otras mujeres del pueblo, de forma que cuando el niño nace, todas pueden cantarle la canción para dar al niño la bienvenida al mundo. Los otros aldeanos también se la aprenden, y la cantan cuando el niño enferma, cuando se cae y se hace daño, cuando se casa, y finalmente, cuando está a punto de morir.

La naturaleza: el refugio por excelencia

> Solo por escuchar el viento merece la pena haber vivido.
>
> JORGE GIL HENAO

Decía Thoreau que no hay mal que la naturaleza no pueda curar. Escribo estas líneas desde una biblioteca, y no tengo frente a mí grandiosas montañas o un bosque frondoso, sino un reloj de agujas parado a las 12:40. Cada vez que levanto la vista y lo miro me sorprendo; mi cerebro necesita unos momentos para navegar en ese desajuste entre lo que dice el reloj y la realidad que muestra el sol rojo escondiéndose en el horizonte en esta tarde de invierno.

Son numerosísimas y bien conocidas las investigaciones sobre el bienestar que procura la naturaleza; una de las más recientes indica que estar cerca de un entorno verde reduce el consumo de medicamentos para la ansiedad. Las salidas al campo han constituido un remedio clásico para las enfermedades psiquiátricas y en la actualidad son una forma de equilibrar los excesos tecnológicos. **La naturaleza nos recuerda cuál es nuestro verdadero lugar en el orden de las cosas, y qué liberador resulta no tener que ser el centro de todo.** Si cierro los ojos puedo ver y escuchar las aguas cantarinas del riachuelo que en invierno corre detrás de mi casa en el campo (la que casi se quema, ya sabes). El mero recuerdo de la naturaleza puede resultar balsámico.

Si alejo la vista del reloj clavado en las 12:40, también puedo recordar, además del río cantarín, una calurosa noche de verano en la que salí después de cenar a ver las estrellas, aprovechando la luna nueva, para disfrutar de esa extraña felicidad asociada con ver una estrella fugaz. Imagino que hay tantos tipos de pequeñas felicidades como personas, y que no siempre es fácil prestarles la atención que merecen en el vaivén de la vida cotidiana. Como decía antes, hay belleza que no puede disfrutarse si antes no se ha hecho un hueco para ella en la imaginación. La felicidad de ver una estrella fugaz es delicada, frágil, extrañamente hermosa. Es una de las siete favoritas del celebrado dibujante australiano Michael Leunig.

Las otras seis son estas:

- La felicidad secreta, que es bellamente delicada.
- Tres minutos de felicidad tomados prestados de un perro.
- La felicidad tradicional de estar tumbados.
- La felicidad que aparece cuando se contempla una piedra.

- Felicidad mezclada con una misteriosa tristeza.
- Felicidad difusa, residual, que resulta de hacer tareas domésticas rítmicas como fregar los platos.

Mientras miro el reloj clavado a las 12:40, me pregunto por qué me da por escribir tanto sobre la felicidad y la belleza en este epígrafe (van diez menciones por el momento) en lugar de seguir el plan inicial de hacer un repaso a estudios sobre el bienestar que procura la naturaleza para la cognición, la habilidad para aprender, la productividad o incluso para los enfermos en el hospital (los pacientes que ven árboles desde su ventana se curan antes). Me proponía hablar de Heidi y recordarte cómo se marchitaba cada vez que la sacaban de los verdes prados de los Alpes suizos para llevarla a Fráncfort y acompañar a su amiga Clara que, como recordarás si tienes una cierta edad, revivía milagrosamente y conseguía dejar su silla de ruedas para dar unos pasos.

La naturaleza nos ayuda a comprender la felicidad y a acercarnos a ella de muchas maneras. A apreciar lo grandioso, como la estrella fugaz o el atardecer, y también lo muy pequeño, como el trajín de un insecto. Nos enseña que lo infinitamente grande y lo infinitamente pequeño se dan la mano (lo que viene a decir, creo, la física cuántica). «Hay dos formas de vivir la vida: como si nada fuera un milagro, y como si todo fuera un milagro», que dijo Einstein. **Nos muestra algo clave: no esperar nada preciso. Solo estar ahí y aprovecharla. Procura armonía por conexión y por pertenencia: simplemente, sentirse vivo**

entre todas las formas de la vida, y comprender que es una suerte.

¿Somos conscientes, en general, de su poder restaurativo? El «analfabetismo natural» que tantos padecemos no tiene que ver con saberse de memoria el nombre de los pájaros del lugar, sino con la capacidad de disfrutar del entorno. No se trata de programar en las escuelas una actividad de contacto con la naturaleza, sino de practicarlo. Tal y como hacía el entrañable maestro (interpretado por Fernando Fernán Gómez) en la película *La lengua de las mariposas*, que recordaba a sus alumnos que «la naturaleza es el espectáculo más sorprendente que puede mirar el hombre». Solo hace falta detenerse unos momentos a contemplarla y refugiarse en ella.

Ideas clave e indagación

- Un refugio seguro es un espacio físico o mental que permite observar lo que está ocurriendo en tu vida en ese momento, darte cuenta de cuáles son tus necesidades y tomar impulso para seguir adelante. Los refugios falsos ofrecen una sensación temporal de confort y seguridad, pero a largo plazo crean más sufrimiento.
- Yoga como refugio: a través de la observación del paisaje exterior que son las posturas de yoga recogemos información importante sobre lo que está ocurriendo dentro de nosotros: tono emocional, energía, apertura de corazón.
- El yoga nos enseña que los lugares donde encontramos más resistencia suelen ser también aquellos donde descubrimos la mayor liberación: el aprendizaje llega

al confrontar los asuntos más problemáticos para nosotros, y salir de nuestro pequeño mundo fundamentado en gustos y aversiones.

- Escribir es una forma de escuchar lo que todavía no sabes, de aprender a reconocer tu propia profundidad y quién eres cuando nadie te está mirando y no hay expectativas de fuera.
- Un rincón de respirar es un santuario, un lugar donde siempre puedes volver a casa, volver a ti misma y restaurar la sensación de paz.
- La *sangha* es una comunidad que practica la meditación en compañía y se apoya mutuamente en el camino.
- El modo «al menos» es una vía directa a la infelicidad, ya que supone descuidar lo que tenemos entre manos. El estado mental es el mismo, tanto frente a cosas menores («si al menos pudiera comer ese helado») como relevantes («si al menos aprobase el examen»).
- *Tonglen*, o la meditación de «dar y recibir», da la vuelta a la lógica usual de escapar del sufrimiento y buscar el placer, ya que implica tomar imaginariamente sobre uno mismo el sufrimiento de los otros, y enviarles la felicidad propia. Produce una grieta en la coraza que añadimos al sufrimiento, y una sensación de presencia para navegar las circunstancias más desafiantes.
- No hacer suposiciones significa tener paciencia para preguntarle a la vida qué es la verdad y no creer las historias que construye tu imaginación, que a menudo proceden de tus heridas.

- Hacerse preguntas es estar presente ante lo que hay y abrirse a la posibilidad de cambio, de flujo.
- La naturaleza nos recuerda cuál es nuestro verdadero lugar en el orden de las cosas, y lo liberador que resulta no tener que ser el centro de todo. Nos muestra no esperar nada preciso; únicamente estar presentes con lo que hay.

Indagación: ¿qué es para ti un refugio seguro?

6.
Esperanza sabia

Solo quienes intentan cosas absurdas alcanzarán lo imposible.

M.C. ESCHER

Antes de sentarme a escribir este último apartado en la biblioteca pública, donde el reloj marca eternamente las 12:40 del mediodía, salí a dar un paseo en busca de inspiración, porque no escribe una sobre esperanza todos los días, y mucho menos sabia. Tuve suerte: la noche anterior había caído una gran nevada, y la ciudad había amanecido envuelta en un manto blanco que contrastaba de manera hermosísima con el cielo azul. Y se me ocurrió, mientras caminaba respirando esa atmósfera de paz que suelen traer las primeras nevadas, que el mundo no solo está lleno de belleza, también de gente que la busca. Y siempre que la belleza mira, el amor también está ahí («la belleza y el amor son cuerpo y alma», dice el poeta Rumi). Y con el amor, claro, la esperanza.

Caminaba por la alameda, a la vera del río escarchado, en ese día luminoso, y de pura dicha sonreía a las personas con las que me cruzaba como si compartiésemos alguna confidencia. Es posible —me dije entonces— conectar con desconocidos de manera amistosa en este mundo, y para ello solo se necesita una simple sonrisa: he aquí otro gesto de esperanza.

En su película *Están vivos*, el cineasta de ciencia ficción John Carpenter cuenta la historia de un hombre que por casualidad encuentra unas gafas que le permiten ver el mundo tal como es. Los anuncios en las paredes o las revistas esconden, en la película, un mensaje subliminal de servidumbre en el que se nos ordena reproducirnos, obedecer, dormir, comprar compulsivamente, no cuestionar la autoridad. Un anuncio de un nuevo televisor, por ejemplo, en realidad dice «¡No penséis, consumid!». Entre nosotros, sugiere el filme, hay seres con apariencia humana, pero de verdadera procedencia alienígena, reptiloide, y son los ricos y poderosos y las fuerzas del orden: las gafas permiten ver el verdadero mensaje por debajo de la superficie.

Mientras paseaba pensé que esas gafas también podrían funcionar en el otro sentido: descubrirían a ese viejecito amable que siempre nos abre la puerta, al compañero que nos trae un café con la medida justa de azúcar cada mañana, a la buena gente que tan a menudo pasa desapercibida sin que le demos el crédito que merece. ¿Te imaginas? Desde ese estado de ánimo podemos conectar con una sensación de potencial. Y esto es lo que entiendo por esperanza sabia: se refiere a aquello en lo que nuestro corazón confía como posible, y aparece cuando somos capaces de recordar las verdades más grandes. Su presencia, creo, es un regalo que atesorar. Dejar que nos invada por dentro, para que podamos recordar, cuando vienen mal dadas, que una vez estuvo ahí. Su mero recuerdo es sanador.

Es importante no confundir esta esperanza sabia con pensamiento mágico ni con soñar despiertos. Aunque tienen su lugar, son estados mentales que tienden al escapismo; seguramente conozcas a alguien que te sorprende cada día con una nueva idea sobre cómo hacer una fortuna o rehacer su vida, pero que finalmente no lleva a término nada. Esto no es esperanza sabia.

Tampoco lo es la llamada «esperanza idiota» que se relaciona con el optimismo vacío de los productos Mr. Wonderful y que ignora los retos reales, inmediatos y muy apremiantes a los que nos enfrentamos. **La esperanza no es pronóstico de un futuro mejor; y este punto de vista es peligroso si significa que uno no tiene que molestarse ni actuar.** Como escuché en algún sitio, el optimismo por imposición (la «esperanza idiota») es el eufemismo más peligroso del inmovilismo.

El deseo de que las cosas vayan como el ego quiere, vinculado a resultados concretos en nuestra vida privada (desde aprobar un examen a que haga sol el fin de semana) es lo más normal del mundo. Todos tenemos deseos, y nuestro cerebro es una máquina de rumiar sobre su cumplimiento. Cuanto más miedo y más apego, por cierto, menos fiable es esta máquina de predecir que es nuestro cerebro. «**El problema no son los deseos; el problema es que tus deseos son demasiado pequeños**», decía el sabio Sri Nisargadatta.

La esperanza sabia, mientras tanto, va a lo grande, porque no está contraída por deseos y miedos; no predice el futuro ni busca un resultado particular. **No hay un sentimiento de certidumbre; es más bien una apertura hacia la posibilidad.** Al igual que la compasión, la esperanza sabia se puede cultivar. Como el jardinero que poda un árbol para que crezca mejor, es posible crear un ambiente fértil en la mente para que la esperanza florezca. **La esperanza, decía el estadista checo Václav Havel, no es la convicción de que algo saldrá bien, sino la certeza de que algo tiene sentido, independientemente de cómo resulte.**

«He alcanzado una edad en la que proponer una utopía es un deber». Así comenzaba su último libro, titulado *Mi utopía*, el escritor francés y militante por el decrecimiento económico Albert Jacquard. «**A la pregunta de si es posible que el futuro sea mejor que el presente, respondo que sí. ¿De qué depende esto? De cada uno de nosotros, del resto de los millones de personas que viven en la tierra.** No tengo derecho a ser pesimista porque eso significaría que he abandonado a la humanidad en su absurdo camino. Ser utopista es intentar tener un futuro razonable [...]».

¿Qué significa tener esperanza en nuestro frágil y tenso mundo? Joan Halifax es una maestra espiritual, fundadora del Upaya Zen Center, en Nuevo México (Estados Unidos), que dedica su vida a cuestiones que pueden considerarse desesperadas, como activista por el clima, cuidadora de enfermos terminales o voluntaria con los condenados a muerte. Halifax dice que, si miramos en profundidad, nos daremos cuenta de que cualquier persona convencionalmente esperanzada tiene una expectativa que siempre planea en el fondo: la sombra del miedo a que sus deseos no se cumplan. «La esperanza ordinaria es, pues, una forma de sufrimiento, y este tipo de esperanza es compañera del espanto», señala. La esperanza sabia, mientras tanto, es espontánea y no está ligada a un resultado. «Es una respuesta de la imaginación tan libre que uno no tiene idea de dónde viene y a dónde llevará y aterrizará». **La esperanza sabia significa que nos abrimos a lo que no sabemos y actuamos desde el asombro.** «Cuando miramos profundamente y con valentía nos damos cuenta de que no sabemos lo que va a pasar a continuación; es entonces cuando la esperanza sabia cobra vida, en este paisaje sin suelo entre la improbabilidad y la posibilidad», escribe Halifax.

Unos días después de fallecer mi padre, mi madre se entretenía jugando al parchís con mi sobrina pequeña. La niña tuvo suerte y en unas pocas jugadas se comió las fichas de mi madre y ganó la partida. «Abuela, mira que tienes mala suerte. Se muere tu marido y encima vas y pierdes al parchís», le dijo la cría toda seria. Mi madre se echó a reír, y mi hermano y yo percibimos el primer atisbo de esperanza desde que había comenzado la pesadilla de la enfermedad. Saldrá de esto, nos dijimos el uno al otro. Y me pareció, no por primera vez, que la inocencia de los niños a menudo está impregnada de misterio y de promesa. Es una mirada que puede transformar el mundo.

En sus charlas, el pensador indio Krishnamurti a menudo se refería a esta mirada que para mí tiene tanto que ver con la esperanza. Preguntaba a su audiencia por qué a medida que envejecemos perdemos la alegría y nos hacemos aburridos e insensibles a las maravillas de la naturaleza y de la vida. En su opinión, **es el esfuerzo lo que nos destroza, el combate en el que transcurre cada momento de nuestras vidas**; las disputas con nuestras parejas, en el trabajo, con los vecinos, la sociedad o nosotros mismos. En esta constante contienda disipamos nuestra energía. Frente a esa desesperanza, Krishnamurti ofrecía la imagen de un barco cargado de leña que surca el mar a todo trapo impulsado por el viento. Lo relevante no es el objeto de conflicto en sí, decía (esto es, si nuestro esfuerzo está empeñado en una causa más o menos noble), sino comprender que uno se encuentra en permanente e innecesario estado de lucha, en lugar de fluir grácilmente.

«Lo mínimo que puedes hacer en tu vida es averiguar qué esperas. Y lo máximo, vivir dentro de esa esperanza. No admirarla desde la distancia, sino vivir en ella, bajo su techo», dijo la escritora Barbara Kingsolver. «Lo que quiero es tan simple que casi no puedo decirlo: bondad elemental [...] La posibilidad de que un día los niños crezcan sin ser ni los destructores ni los destruidos. Eso es todo. Ahora mismo vivo en esa esperanza, corriendo por su pasillo y tocando las paredes a ambos lados».

Siguen siendo las 12:40 en el eterno reloj de esta biblioteca.

Pero llegó la hora de despedirme y lo hago con el deseo de que podamos inclinar nuestra mente a la posibilidad de vivir con mayor conciencia, plenitud y compasión cobijados por la esperanza sabia.

Agradecimientos

Gracias a la gran tribu de Plum Village y a la de los amigos que me sustentan y calientan el corazón desde varias esquinas del planeta. Por temor a dejarme algún nombre en el tintero lo voy a dejar así, pero tú sabes que te llevo cerca de mí.

Especial gratitud a Inés Freedman, que durante años ofreció su sabiduría atenta con generosidad, sin esperar nada a cambio. Puede que este libro sea, en parte, el fruto tardío de nuestras conversaciones. Y a mi padre, Jandro, que se asoma a este libro desde algún lugar luminoso. Mi madre, Sergio, Pilar y Asia también están muy presentes en mi vida y, por tanto, en estas páginas.

Mis compañeros del Entrenamiento en Cultivo de Compasión son una fuente de inspiración constante, al igual que Mertxe Eiguren, Eva Escolá, Manu Mariño y el resto del equipo del Día Internacional del Mindfulness. Gracias por vuestra autenticidad y empeño para esparcir las semillas de la atención plena y la amabilidad por el mundo.

A Jesse Barker, Myriam Enríquez, Mar Cabra, Rubén Revillas, Teresa Bouza: agradezco vuestro apoyo y aportaciones en los textos. Y gracias a Núria Oliveres, Nacho Fernández y al resto del equipo de la editorial Plataforma por la confianza y la paciencia.

Borja Hermoso tiró del hilo de estas páginas de la forma más inesperada (y silenciosa). Y, antes de eso, Rosalía Lloret hizo posible que mi querido y multifacético blog, *Vuelta y Vuelta*, de alguna manera el embrión de este libro, viese la luz. Agradezco a Delia Rodríguez el empujón que me permitió escribir, mucho tiempo atrás, sobre estas mismas temáticas, y a las compañeras y compañeros con los que he trabajado y aprendido a lo largo de los años, en especial a Ignacio Gros, coautor de la revista *Vida Sencilla*.

Con gratitud infinita hacia las maestras y maestros que iluminan el camino, y por todas las personas amables (o majas, como decimos en mi tierra) que hacen la vida más fácil. Y por Ricardo, claro.

Su opinión es importante.
En futuras ediciones estaremos encantados
de recoger sus comentarios sobre este libro.

Por favor, háganoslos llegar a través de nuestra web:

www.plataformaeditorial.com

Para adquirir nuestros títulos,
consulte con su librero habitual.

«I cannot live without books».
«No puedo vivir sin libros».
THOMAS JEFFERSON

Desde 2013, Plataforma Editorial planta un árbol
por cada título publicado.

PLATAFORMA EDITORIAL
Un árbol para cada libro